埃及史

神祕與驚奇的古國

張倩紅——著

三民書局

國家圖書館出版品預行編目資料

埃及史：神祕與驚奇的古國／張倩紅著.－－二版一
刷.－－臺北市：三民，2019
面；　公分.－－(國別史叢書)
參考書目：面
ISBN 978–957–14–6610–1　(平裝)

1.埃及史

761.1　　　　　　　　　　　　　　　　108004281

© 埃 及 史
——神祕與驚奇的古國

著 作 人	張倩紅
發 行 人	劉振強
著作財產權人	三民書局股份有限公司
發 行 所	三民書局股份有限公司
	地址　臺北市復興北路386號
	電話　(02)25006600
	郵撥帳號　0009998–5
門 市 部	(復北店)臺北市復興北路386號
	(重南店)臺北市重慶南路一段61號
出版日期	初版一刷　2004年3月
	二版一刷　2019年4月
編 號	S 760020

行政院新聞局登記證局版臺業字第○二○○號

有著作權‧不准侵害

ISBN　978–957–14–6610–1　(平裝)

http://www.sanmin.com.tw　三民網路書店
※本書如有缺頁、破損或裝訂錯誤，請寄回本公司更換。

二版說明

　　張倩紅教授在埃及史的研究領域中成就斐然，於學界享譽盛名。《埃及史——神祕與驚奇的古國》為教授的心血結晶，也是許多歷史系師生必讀的「國別史叢書」系列之一。

　　此次再版，為符合現代出版潮流，本書除了調整內文間距及字體編排外，也重新設計版式與封面，讓讀者能夠輕鬆、舒適的閱讀本書。除此之外，我們期望讀者能透過此書瞭解歷史；從文字中看見世道人心，並對我們現在的人生帶來省思。

編輯部謹識

序　言

　　埃及全稱為阿拉伯埃及共和國 (The Arab Republic of Egypt)，首都開羅 (Cairo)，面積 100.2 萬平方公里，人口 6269 萬，其中阿拉伯人約占 87%，科普特人約占 11.86%，其餘為貝都因人、努比亞人。

　　埃及是一個具有古老文化與悠久歷史的國家，埃及與中國、巴比倫、印度一起併稱為世界四大文明古國。勤勞智慧的古埃及人民在尼羅河這塊神秘的土地上創造了古典輝煌，演繹了人間神話。那高聳入雲的金字塔、巍然壯觀的獅身人面像、巧奪天工的亞歷山大里亞燈塔、莊嚴肅穆的神廟建築、色彩鮮明的繪畫藝術、技藝精湛的裝飾品、奇特絕妙的象形文字、膾炙人口的文學作品，無不令人歎為觀止。當今，旨在解讀古埃及文明、探討其發展規律的埃及學已經成為一門積薪傳火、影響廣泛的世界性學問，許多學者孜孜以求，耕耘其上。埃及學的學科門類囊括了考古學、語言學、歷史學、古文獻學、宗教學、文學、藝術、建築以及醫學、生物學、數學、科學技術史等方面。

　　埃及位於歐洲、亞洲和非洲的交界處。獨特的地理位置使它自古以來就是東西交通的樞紐和世界貿易的橋樑，也是不同文化碰撞與溝通的焦點。雖然歷經滄桑巨變，興衰更替，但埃及文化

傳承依舊。即便在亞述人、波斯人、希臘人、羅馬人的征服時期，埃及文化仍能以開放性的心態與各種外來的文化相互影響、相互融合，並最終保留了自身的主體特徵。埃及文明的產生與延續充分證明了地緣環境是人類文明起源與發展的決定性條件，而與其他文明的廣泛交往與內在涵化，促使埃及文明一方面在保持本土文明基線的前提下，對自身的歷史傳統進行揚棄與轉化；另一方面，又廣泛地吸取異質文化之長，使之成為自我肌體中的組成部分，繼而創造出更具活力的新的文明。埃及從基督教時代進入伊斯蘭時代，在較短的時段裡完成了「阿拉伯化」的過程，這正是文明交往的互動性特徵的典型體現，而互動性的必然結果是人類文明的多樣化發展。

　　本書試圖在有限的篇幅裡，描述埃及的歷史沿革與文明演進，探討埃及文化的主流與特色，梳理埃及現代化建設的經驗與教訓、展現埃及人民的民族特性與卓越品質。由於作者才疏學淺，對埃及的研究十分有限，錯誤與淺薄之處難免，懇請學人多加斧正。如有注釋不足或遺漏之處，深望諒解。

張倩紅

2004 年 1 月於古城開封

埃及史
神祕與驚奇的古國
目 次 | *Contents*

二版說明

序 言

第 I 篇　法老時代的埃及　　　　　　　　　　　1

第一章　法老雄姿：埃及早期歷史　　　　　　　3

　第一節　哺育埃及的母親河　　　　　　　　3

　第二節　文明初現　　　　　　　　　　　　8

　第三節　王朝時期的歷史軌跡　　　　　　　12

　第四節　托勒密王朝與羅馬帝國的征服　　　36

第二章　古典輝煌：埃及文明覽勝　　　　　　　41

　第一節　高超的建築技藝　　　　　　　　　41

　第二節　神祕的象形文字　　　　　　　　　55

　第三節　璀璨的文學成就　　　　　　　　　58

　第四節　奇特的藝術風格　　　　　　　　　72

　第五節　豐富的科學知識　　　　　　　　　77

第 II 篇　外來勢力的統治　　　　　　　　　　　85

第三章　帝國餘暉：穆斯林時代的埃及　　　　　87

　第一節　哈里發的直接統治　　　　　　　　　87

　第二節　半獨立王朝的出現　　　　　　　　　90

　第三節　法蒂瑪時代的繁榮（西元 909～1171 年）　92

　第四節　薩拉丁與阿尤卜王朝（西元 1171～1250 年）　99

　第五節　馬木魯克王朝（西元 1250～1517 年）　102

　第六節　鄂圖曼帝國對埃及的統治　　　　　　105

第四章　蹉跎歲月：殖民主義的滲入　　　　　109

　第一節　法國入侵與開羅大起義　　　　　　　109

　第二節　富國強兵——穆罕默德・阿里的改革　115

　第三節　蘇伊士運河的開鑿與國家主權的喪失　122

　第四節　不甘沉淪——埃及人民的反抗　　　　125

　第五節　英國的殖民政策　　　　　　　　　　128

　第六節　埃及華夫脫運動　　　　　　　　　　131

第 III 篇　強人政治與埃及的復興　　　　　　137

第五章　歷史新篇：納塞時代　　　　　　　　139

　第一節　1930～1950 年代的埃及　　　　　　139

　第二節　埃及「七月革命」　　　　　　　　　141

　第三節　運河風雲　　　　　　　　　　　　　148

　第四節　納塞政府的內政與外交　　　　　　　153

第六章　再創奇蹟：薩達特時代　　　　　　　　159

　第一節　薩達特其人　　　　　　　　　　　159

　第二節　卓有成效的內政改革　　　　　　　162

　第三節　十月戰爭　　　　　　　　　　　　170

　第四節　營造和平　　　　　　　　　　　　175

第七章　穩中求進：穆巴拉克時代　　　　　　　183

　第一節　輝煌人生　　　　　　　　　　　　183

　第二節　治國方略　　　　　　　　　　　　185

　第三節　活躍於國際舞臺　　　　　　　　　193

　第四節　面對挑戰　　　　　　　　　　　　198

　第五節　革命雲起　　　　　　　　　　　　202

附　　錄　　　　　　　　　　　　　　　　　　207

　大事年表　　　　　　　　　　　　　　　　209

　參考書目　　　　　　　　　　　　　　　　219

第 I 篇

法老時代的埃及

法老雄姿：
埃及早期歷史

第一節　哺育埃及的母親河

　　當人們試圖展示古埃及的燦爛歷史時，尼羅河 (The Nile) 往往成為開卷之言。尼羅河是世界文明的發祥地，是孕育人類智慧的搖籃。古埃及人民正是在這條生命之河的哺育下，抱著感知自然、追求進步的心態與情懷，創造了世界奇觀，營造了人間神話。代代相傳的《尼羅河頌》以深情優雅的言語表達了埃及人民對尼羅河的由衷讚美：

> 光榮啊，尼羅河！
> 你起源於大地，
> 川流不息，養育著埃及。
> ……
> 你澆灌田地，

使萬物充滿生機。

你生出大麥和小麥，

使神廟裡彌漫了節日的喜氣。

尼羅河全長 6648 公里，是世界上第二長的河流，流域面積
334.9 萬平方公里，河寬平均 800～1000 公尺，河深 10～12 公
尺，貫穿埃及的河段大約長 1350 公里❶。尼羅河的上游分為藍尼
羅河和白尼羅河。藍尼羅河發源於衣索比亞的塔那湖，白尼羅河
發源於烏干達的維多利亞湖。兩條河在蘇丹首都喀土穆附近會合
後，經蘇丹流入埃及。在喀土穆以下，除了蘇丹的阿特巴拉河以
外，尼羅河沒有其他的支流。兩河合流之後，藍尼羅河的水在很
長一段距離裡，不與白尼羅河的水混合，仍保持透明的藍色，在
漲水的時候，河水呈現棕褐色。藍尼羅河是尼羅河水氾濫的主要
原因，因為衣索比亞高地的一年中有半年左右的時間雨量充足，
使藍尼羅河及其支流水量極其豐富。尼羅河進入埃及境內後，河
水變緩。在開羅以北地區，尼羅河谷地擴大，河道呈扇形展開，
分成許多支流，形成了遼闊的三角洲地帶，這裡土地肥沃，集中
了埃及一大半的耕地。

埃及位於北緯 22°～32° 之間，氣候乾燥、少雨、酷熱，北部
屬亞熱帶地中海氣候，年平均降雨量為 50～200 公釐，多集中在

---

❶ 關於尼羅河的長度說法不一，有 6697 公里之說、6670 公里之說、6500
公里之說。

冬季；開羅以南的廣大地區屬熱帶沙漠氣候，最高氣溫可達
50°C，年平均降雨量不足 30 公釐，而且還常常受到來自撒哈拉
沙漠的乾熱風襲擊，對農業極為不利，所以農耕生產主要靠河水
灌溉。早在幾千年前，埃及人民就開始利用尼羅河的洪水期從事
農耕生產，他們根據河水漲落的規律定下了各種勞作的日期。尼
羅河水每年定期氾濫，水位從 7 月開始上升，8 月出現洪水，9 月
達到高潮，並且一直持續到 12 月，3 月至 6 月間為枯水期。每次
洪水退潮之後，都會積澱很厚的淤泥層，其中含有豐富的腐草和
礦物質，埃及人視之為一種天然的肥料。正是尼羅河的水源與淤
泥層，保證了一年一度的豐收，使古埃及成為地中海地區的著名
糧倉，成為世界農業文明的主要發源地之一。尼羅河也是埃及南
北交通的大動脈，它像天然的紐帶一樣，不僅在沙漠之地造出了
一片珍貴的綠洲，而且促進了沿岸人民的經濟交流與文化往來。
此外，一些研究者還認為，古埃及人之所以有很高的藝術素養，
也與尼羅河流域的地貌與生態環境密切相關，正是尼羅河浩浩蕩
蕩、奔騰桀驁的性格，孕育了埃及人的藝術靈感，激發了他們的
創作熱情。所以說沒有尼羅河就沒有埃及文明。古希臘著名的歷
史學家希羅多德（Herodotus，西元前 484～425 年），在訪問埃及
之後曾十分感慨地說：「埃及是尼羅河的贈禮」，這句話已被後人
多次引用，成為對埃及與尼羅河相互關係的生動描述。開羅大學
教授、著名的埃及學專家阿‧費克里 (Ahmed Fakhry, 1905～
1973) 也指出：

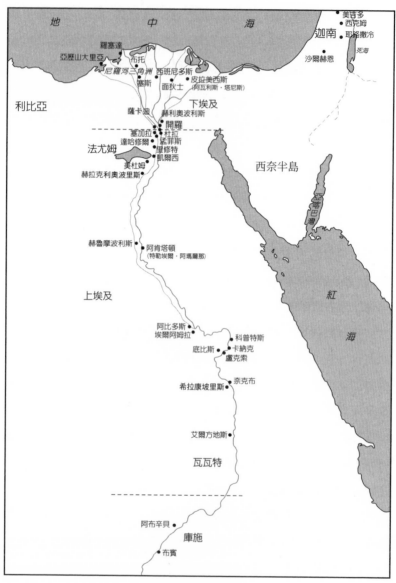

圖1：埃及地圖

大家都知道希羅多德有一句名言：「埃及是尼羅河的贈禮。」這種說法完全正確，埃及確是尼羅河的贈禮。沒有這條河，埃及必然是一片荒蕪的沙漠。對於現在的埃及東部及西部來說也是如此。假如此時尼羅河不流了，埃及會立刻回到沙漠狀態，它一定會變成另一個像撒哈拉那樣的一大塊乾旱的荒地。作為生存賜予者的尼羅河，帶給了並且正繼續帶給埃及人民許多利益。誠然，在各個時期，埃及人的文明都是和這條偉大的河流緊密地聯繫著的。

西方學者德瑞克‧霍普伍德 (Derek Hopwood, 1933～) 也認為，尼羅河所造就的自然與社會環境，對埃及人的生產、生活、價值觀念與民族性格的影響是怎麼評價也不過分的。尼羅河是古埃及文明產生的必備條件，因為社會成員的協作精神正是在治水過程中形成的，也正是在這一過程中，迫切需要中央集權制的強勢政府，而這種自然需求正是推動古埃及文明產生的動力與條件。

但是，也有一些埃及學者認為，把埃及文明純粹歸結為「尼羅河的贈禮」是不夠的，尼羅河所造就的自然環境不是形成文明的唯一因素。例如，蘇來曼‧侯賽因博士就指出，埃及不僅僅是尼羅河的贈禮，他認為如果深入研究了尼羅河居民在改造地理環境方面的巨大努力與貢獻，就會同意對希羅多德這一流傳已久的說法需作必要的修正。他寫道：「的確，埃及的肥沃土地所以能夠成為歷代高度發展的農業生活的發源地，是人類勞動和能夠控制的自然環境相互結合的成果。」因此，不能把埃及文明簡單地歸

結為「尼羅河的贈禮」。

第二節　文明初現

　　埃及是世界文明的發源地之一，大約在西元前 5000 年左右，
尼羅河畔的居民已經掌握了灌溉技術，他們挖渠築壩，栽培穀物，
完成了由游牧部落到定居的農耕生活的轉變，埃及歷史進入了前
王朝時期。這一時期，在上埃及和下埃及形成了南北兩大文化群，
其中以上埃及的巴達里文化 (Badari)、涅伽達文化 (Naqada) 最為
典型。

　　巴達里位於埃及中部阿西尤特 (Asyut) 的東南、尼羅河的東
岸。最初於 1922 年由 G. 布倫吞 (G. Brunton) 在巴達里發現，
1925 年卡頓・湯普遜（Caton Thompson, 1888～1985 年）又在哈
馬米亞 (el-Hammamiya) 發現了巴達里文化的又一重要遺址。從考
古發掘中推斷，哈馬米亞可能是巴達里人的「臨時宿營地」。巴達
里文化反映的是西元前 4500～4000 年的文明。巴達里文化屬於銅
石並用時代。巴達里人的基本生產工具是石器，且石器的製作也
比較粗糙。銅器的廣泛運用標誌著巴達里文化的最高成就，後人
發現了銅針、銅刀、銅念珠等。在哈馬米亞，考古學家們發現了
頗有特色的陶器陪葬品，其種類有粗製陶（最普通的陶器是缽子、
罐子）和精製陶（分為紅光陶、黑光陶和黑頂陶三種）。巴達里居
民經營農業、畜牧業和漁業，種植的農作物有穀子、小麥、大麥、
亞麻等，飼養的動物有狗、牛、綿羊、山羊等。

　　涅伽達文化發現於盧克索 (Luxor) 以北 30 公里處的尼羅河西岸的涅伽達村，鮑姆伽特 (E. J. Baumgartel) 把它分為涅伽達文化 I 和涅伽達文化 II。涅伽達文化 I 由於和阿姆拉文化 (el-Amra) 極其相似，所以又被稱作阿姆拉文化，反映的是西元前 4000～3500 年的文明。在涅伽達文化 I 時代，生產力有了很大的發展，人們利用優質的燧石做原料製作成雙刃口的鋒利大刀、較為精細的手斧、石鐮刀等。陶器製作更為發達，出現了新的精緻陶品種：白十字線陶。其特點是多在紅光陶上裝飾以白色的十字線。這一時期，埃及人的對外貿易與商業往來已有了相當規模，並出現了早期的城市。英國考古學家在涅伽達發現了二個城堡遺址：南城和北城。其中南城較為重要，已經發掘出來的城鎮覆蓋面積為 1500 平方公尺，南北約 30 公尺，東西約 50 公尺。南城之南，還有大型的墓地發現。最重要的是 T 墓地，其中最大的墓地 T5，長約 4 公尺，寬約 2.8 公尺，有豐富的殉葬品。從一些殉葬品與器皿上刻畫著同一形狀的符號來猜測，這一時期可能出現了奴隸制現象。這一時期，古埃及人已有了很高的藝術素養，埃及繪畫史上現存最早的一幅彩色壁畫發現於西元前 4000 年後半期的一座古墓中，畫面上表現的是一種廝殺或戰爭的場面。

　　涅伽達文化 II 又叫格爾塞文化 (Gerzean)，格爾塞是位於開羅以南約 100 公里處的尼羅河西岸的一個村莊，涅伽達文化 II 反映的是西元前 3500～3100 年的文明。大量的考古材料證明，這一時期埃及已經進入完全意義上的文明時代。人們熟練地掌握了燧石工業，並能製造出精美的刀具、斧子、箭頭等。金屬器尤其是銅

圖2：涅伽達文化 II 期之壁畫

器的廣泛出現，是涅伽達文化 II 的一大特色。從出土的銅製斧子、短劍、刀、縫針、鑽、匕首、鋸等工具來看，當時的居民已經掌握了冶煉金屬的技術。另外銅製的裝飾品如戒指、扣針、念珠等甚為普遍，甚至還出現了金念珠。陶器生產品種更為齊全，除了雕刻陶器外，彩繪陶器出現，彩陶上繪有複雜的幾何圖形、人物、動植物，以及行駛中的船隻、縱橫交錯的水渠等畫面。這些器皿上還出現了早期的圖畫文字，後來演變成埃及最早的象形文字。

在前王國時期，埃及從原始社會過渡到軍事民主制時代。隨著生產的發展、貧富分化的加劇以及特權階層的出現，奴隸國家形成。西元前 4000 年前後，在尼羅河谷地出現了一些由村社結合而成的小國家，埃及人稱之為「塞普」，希臘人稱之為「諾姆」，我國史書稱之為「州」。在古埃及統一之前，上埃及有二十二個塞普，下埃及有二十個塞普，每個塞普都有自己的旗幟、軍隊和保護神，塞普的統治者既是最高行政首領，也是最高法官和祭司長。當時塞普與塞普之間經常發起戰爭，相互兼併，前 3500 年左右，在上埃及和下埃及形成了兩個獨立王國，南方的上埃及把禿鷹作

為守護神，國王頭戴白色王冠；北方的下埃及以眼鏡蛇作為守護神，國王頭戴紅色王冠。相互之間為爭奪水源、土地、奴隸和財富不斷發生衝突。西元前 3100 年左右，上埃及國王納爾邁 (Narmer)，率兵征服了下埃及，建立了第一王朝，統一了全國，埃及歷史進入了王朝時期。從西元前 3100 年到前 332 年馬其頓王征服埃及為止，埃及先後經歷了三十一個王朝，由於國家的統治者被稱為法老❷，所以王朝時期又被稱作「法老時代」。

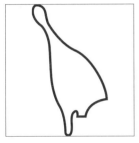  

圖 3a：上埃及的白色王冠 圖 3b：下埃及的紅色王冠 圖 3c：稱為雙重王冠，代表對全埃及的統治權

---

❷　「法老」一詞來源於埃及語，原意是「高大的房子」，指王宮或者王宮的主人。新王國時代普遍用來特指國王。埃及人認為法老和神靈一樣永遠威懾他人。

第三節　王朝時期的歷史軌跡

一、早王國時代（西元前 3100～2686 年）

　　早王國時代，又稱「古風時期」，包括第一王朝（西元前3100～2890 年）和第二王朝（西元前 2890～2686 年）兩個時期。第一王朝的第一代國王納爾邁初步統一上下埃及之後，開始建立中央集權式的國家，把國家的土地、稅收及水利灌溉系統置於統一的管理之下。他組建了一支強大的常備軍以鎮壓反叛者。相傳他把都城定在南部，後來他開始在三角洲的頂端、上下埃及交界的地方建立新都「白城」，即後來的孟菲斯 (Memphis)。後世出土的納爾邁調色板上，刻著納爾邁的名字，並反映了他對下埃及的征戰情況。其實，納爾邁只是初創統一局面，統一大業的最終完成是後來諸王經過數百年的努力才得以實現。納爾邁的繼任者阿哈 (Aha，意為「鬥士」) 曾征伐努比亞人，並有銘文記載他「得到了上下埃及」。第一王朝的第五代國王登 (Den)，又名烏吉姆 (Udimu)，在位 55～60 年。他不僅繼承了先王的遠征，而且採用了紅、白雙冠，象徵著兩種權力的合一與王權的加強。

　　第二王朝的考古發現少於第一王朝，對諸王的功績以及社會發展的狀況也知之甚少。第二王朝的創建者是亥特普塞海姆威 (Hetepsekhemwy)，其涵義為「兩個權力和睦共處」。從一些零星的資料來看，這一時期，曾有叛亂發生，而諸王們極力維護統一

圖4：納爾邁調色板正反面

的局面。國王們逐漸被神化，他們的人格被大加美化。

　　早王國時代的四百餘年間，確立埃及君主專制制度和鞏固國家統一，國家機器已經健全，神權與政權的結合也已初步實現，「埃及這時在政務管理方面、在宗教方面，以及在物質文明方面都已經臻於成熟。已經展現了文明的一些真正特點，並且已經超越了或者放棄了從美索不達米亞文明學來的東西。它吸收了它所需要的東西，並且用來為自己的目標服務。……因此，第二王朝末期的埃及是精力充沛的、繁榮的、有良好組織的、活躍的國家」。

二、古王國時期（西元前 2686～2181 年）

古王國時期包括第三至第六王朝，埃及進入了真正意義上的大一統的王國時代，君主專制全面確立。這時國家的最高統治者是國王，他不僅集國家的行政、經濟、軍事大權於一身，而且被稱為「拉之子」❸，埃及臣民覲見法老時都要匍匐在地，吻他腳前的塵土。為了保持血統的純正，國王不得與王族之外的人通婚，這一風俗流傳了二千多年，直到西元前 30 年，羅馬人征服埃及後才得以廢除。國王在都城孟菲斯發號施令，有權任命或者罷免中央官員。中央機關主要有四個部門：財政部、農業部、檔案部和

圖 5：眾神之王——拉

司法部。國王之下設宰相，宰相在埃及語裡稱「塔提」，現代阿拉伯語稱「維西爾」，主管王室農莊、司法部和檔案部，塔提作為中央政府中權力最高的大臣，一般由王子或者其他重要王室成員擔任。塔提之下，從中央到地方，設有各級官吏，分別掌管財政、水利建設、地方政務。政府在任命官員時，是否能讀

---

❸ 「拉」(Ra) 即太陽神，在古埃及人的心目中是最高的神。在他們看來，太陽每天從東方升起，從西方落下，好像是乘船而來，永不停步（生活在尼羅河的居民對船也有一種本能的敬慕）。而每一位國王也都有自己的船，而且緊跟在太陽之船的後面，永遠沐浴在陽光之中，並時刻得到太陽神的祝福。

圖 6：書吏雕像　此雕像盤腿而坐將莎草紙平攤於腿上書寫。值得注意的是他肚子上有一道道脂肪皺摺，顯示此人不必辛苦勞動，過著優沃的生活。

書識字被視為重要的條件。因為古埃及的象形文字艱深難懂，所以會書寫的「書吏」除了當工程師、農學家、會計師之外，常常也是政府官員的最佳人選，書吏的社會地位反映了法老時代對知識的尊重。

　　從發掘出來的陵墓壁畫中我們可以對古王國時期埃及的社會生活有了初步的了解：一些金匠、銀匠、石匠及手藝人在辛苦地工作；而一些特權人士或外出狩獵、捕魚、打鳥，或者在府中奏樂歌舞，大宴賓客。大概從第三王朝開始，埃及已經開始與利比亞人、亞細亞人以及努比亞人進行交往，也經常發生衝突。埃及人還派遣軍隊遠征巴勒斯坦的一些城堡。第四、第五王朝時期，對外征服更為頻繁。特別是第六王朝時期，埃及多次出兵鎮壓巴勒斯坦地區反抗的貝都因人。《大臣烏尼傳》中記載了烏尼 (Uni)

率領的埃及軍隊凱旋而歸時的戰歌：

> 這個軍隊安然歸來了，
> 在破壞貝都因人的國境之後。
> ……
> 這個軍隊安然歸來了，
> 在那裡擊潰了好幾萬的隊伍。
> 這個軍隊安然歸來了，
> 在那裡（奪得了）無數（隊伍）為俘虜。

　　在古王國興盛的背後隱藏了衰敗的因子。法老們爭先恐後地建造金字塔，使國庫虧空，民不聊生，王室成員生活腐化，揮霍無度，再加上與周邊地區關係的緊張又嚴重縮減了對外貿易的收入。隨著經濟實力的消弱，中央政府的控制力越來越低。到第六王朝時期（約西元前 2345～2181 年），長期擔任的地方官勢力越來越強大，中央集權明顯消弱。連塔提這一最重要的職務也由地方貴族擔任，地方官的權力也世襲化了。一些貴族還擁兵自重，形成地方割據局面。第六王朝的最後一位國王是培比二世（Pepy II，西元前 2284～2184 年），據說他六歲登基，在位九十四年，晚年昏庸無度，無力執政。培比二世死後，輝煌五百年之久的古王國時代宣告結束，埃及歷史進入了分裂與混亂的時期。

圖 7：樂師與舞師

三、第一中間期（西元前 2181～2040 年）

　　第一中間期包括第七～十王朝，充滿了動亂與災禍，是埃及文明的一個低潮期，也有人稱之為「黑暗時代」或「封建時代」。學者們曾把這一時期的社會特徵概括為：「軟弱的中央行政機關，半自治的行省，敵對的王朝，國內的戰爭，低洪水的水位，饑饉，低落的藝術標準，以及教育工作的停滯，這一切特徵構成了一個是非顛倒的病態社會。」第七王朝時期（西元前 2181 年），先後有七位國王登基，但總共只統治了七十天。這時，埃及已經小國林立，幾乎每一個塞普都成為一個獨立小國。為了擴大地盤，彼此戰亂不已。當時的一些文學作品生動真實地反映了第一中間期的社會狀況。如《涅菲爾提預言》上說：

我的心在戰慄，

你將（怎樣）為這塊你出生的土地而哭泣！

……

看吧，將要發生一些人們一提起就感到恐怖的事，

因為你看，在你出生的這塊土地上，

大人物將要被消滅，

不要漠不關心，

看吧，它就在你的面前！

……

雖然大人們在管理著這塊土地，

但所做的正像沒有做的一樣。

……

這塊土地將完全被毀滅，

（以致於）沒有任何殘餘，

（甚至）連指甲大的一點黑土都不存留。

埃及的河流空了，

人（可以）徒步涉過。

人們找不到能行船的水，

河床變成了沙灘。

……

土地縮小了，

（但是）它的行政人員卻很多，

土地荒涼不毛，

（但）稅卻很重；

只有很少的穀物，

但量斗卻很大，

而且量時總是滿得上了尖。

……

人們拿起了武器，

（因之）大地變得混亂；

沒有武器的人（現在）變成了占有武器者。

人們住在墳場上，

窮人發了財……僕人們在歡樂。

　　第一中間期最嚴重的社會問題是大饑荒，當時留下了許多記載這一事件的文獻。安克提斐 (Ankhtifi) 的銘文中寫到：「整個上埃及都被可怕的饑荒所籠罩，以致每個人開始吃自己的孩子，但是，在這個地方中，我設法不讓任何一個人餓死。我把穀子借給上埃及……在這些年間當希斐特和霍邁爾的城鎮滿足之後，我使厄勒潘汀的家庭活著，……。」

　　在無政府狀態中，位於埃及中部的赫拉克利奧波里斯 (Herakleopolis) 逐漸強大起來，統一了北部三角洲和中部埃及的廣大地區，建立了第十王朝。王朝曾一度強盛，並試圖統一埃及。但是由於人民的起義和地方勢力的叛亂，再加上以底比斯為中心的第十一王朝在南方的興起，赫拉克利奧波里斯王朝未能完成統

一大業。西元前 2040 年，第十一王朝的孟圖霍特普二世（Mentuhotpe II，西元前 2046～1995 年）滅亡了第十王朝，最終統一了國家，埃及歷史進入了中王國時期。

四、中王國時期（西元前 2040～1786 年）

孟圖霍特普二世所開創的中王國時期包括第十一和第十二王朝，定都底比斯。中王國早期，地方貴族仍具有很大的勢力，有的保留了獨立的軍隊和行政機關，甚至有自己的紀年，中央政權相對脆弱。第十二王朝建立者阿蒙尼姆赫特 (Amenemhet) 對地方貴族採取嚴厲的限制措施，如重新劃定塞普之間的界限，儘量減少衝突與兼併；巡行各地，整頓稅收，增加國庫收入；遠征利比亞人和西奈半島的亞細亞人，以保護埃及東部邊境的安全，並千方百計維護國家的統一局面。《涅菲爾提預言》以十分讚歎的口氣寫道：

> 正是那一位國王來了，
> 他屬於南部，
> 阿蒙尼，勝利者，他的名字。
> 他是努比亞土地上一個婦女的兒子，
> 他出生在上埃及。
> 他將戴上白冠（上埃及），
> 他將戴上紅冠（下埃及），
> 他將使兩個強大的埃及團結起來。

圖 8：孟圖霍特普二世雕像　他頭戴代表下埃及的紅色王冠，身著白色貼身的節慶服裝，出席他登基任五十年的慶典。孟圖霍特普二世在位時間長達五十年之久，在他手中埃及復歸統一。從雕像看，他交叉的雙手和特意塗黑的臉龐，象徵著他與死亡、重生之神奧塞利斯間的關連。

　　阿蒙尼姆赫特的繼任者繼續削弱地方勢力，加強中央集權。隨著王權的強化，國家勢力增強，社會經濟發展。在農業方面，曾一度廢棄的水利灌溉系統又得以恢復，並新建了大規模的排水灌溉渠道，從而擴大了耕地面積。人們開始改革農具，並開始觀測尼羅河的水文狀況。在手工業方面，最突出的成就是青銅器的普遍推廣，從一些壁畫和考古發掘中可以了解到，當時的青銅器（杯子、鑷子、匕首、剃刀等）選料講究，做工十分精細。與此同時，銅器與石器工具仍大量存在。另外，採礦業和玻璃製造業也非常發達。隨著農業和手工業的發展，對外貿易再度繁榮起來。後來出土的不少商業文書是研究中王國時期商品貨幣關係、城市生活狀況以及商品交換方式的重要資料。

　　中王國時代的軍事組織非常龐大，從第十王朝時期的阿西尤特地方長官美瑟赫梯 (Mesehti) 墓中出土的兩組戰士模型隊伍可以證明這一點。據說第十一王朝對蓬特（今索馬利亞）的軍事行動就動用了三千人的隊伍。在第十二王朝的前一百多年間，埃及

多次發起對努比亞的遠征，從而獲取黃金、其他礦產品以及建築材料。另外，埃及與敘利亞、巴比倫、安那托利亞及愛琴海地區也建立了聯繫。

　　但是，到了中王國末期，由於社會經濟的分化、宮廷內部的激烈爭鬥、統治者與被統治者之間的尖銳對立等原因，導致了國家的衰落。第十三王朝時期（西元前 1802～1649 年），埃及再度分裂，百姓陷於水深火熱之中。

五、第二中間期（西元前 1786～1567 年）

　　這一時期包括第十三～十七王朝。昏庸無能的國王們難以維持統治，地方貴族勢力猖獗，老百姓苦不堪言。大約在西元前 1750 年左右，爆發了大規模的奴隸、農民起義，法老被廢除，大臣和貴族被強制勞動，老百姓揚眉吐氣。起義的具體情況在《伊普味 (Ipuwer) 陳辭》（又譯為《一個埃及賢人的訓誡》）中得以反映。作者是站在反對者的立場上對起義者進行攻擊與謾罵，關於起義的具體時間、原因、過程、結果等都不得而知，但從他的描述中可以看出起義規模很大，參加者有農民、手工業者、僕人、奴隸等，起義者把矛頭指向特權階層與神權勢力。《陳辭》中說：國家發生了天翻地覆的變化，長官們被驅散各地，卑賤者受到尊敬，高貴者被打倒在地；沒有財富的人成了財富所有者，富人頃刻變成了窮人；僕人成了主人，女奴也開始隨便講話；司法機關已經被占領，法律文書被搗毀在地，書吏已被殺死，他們的文件已被奪走……。在國家四分五裂之際，西亞的西克索人 (Hyksos)

乘機入侵，在三角洲東部地區建立了自己的國家。西元前 1650 年左右，他們占領了孟菲斯，推翻了第十三王朝，建立了西克索人的第十五（西元前 1674〜1535 年）、十六王朝❹。第十四（西元前 1805 或西元前 1725〜1650 年）、十五王朝建都於阿發里斯 (Avaris)。西克索人統一了下埃及，並使上埃及的大部分地區成為他們的附庸，埃及文明進入了第二個低潮期。當西克索人確立統治後不久，底比斯人建立了第十七王朝（西元前 1850〜1550 年），王子們不甘心向西克索人稱臣納貢，經過多年的交鋒，終於把西克索人驅逐出去，埃及又獲得了獨立。阿赫摩斯一世（Ahmose I，西元前？〜1525 年）建立了第十八王朝，埃及進入新王國時期。

六、新王國時期（西元前 1567〜1085 年）

埃及的統治者在趕走西克索人之後，立刻把這場戰爭轉變成一場曠日持久的對外征戰。新王國時期共包括三個王朝，即第十八王朝（西元前 1567〜1320 年）、第十九王朝（西元前 1320〜1200 年）、第二十王朝（西元前 1200〜1085 年），這一時期古埃及的政治、經濟、文化走向強盛的頂峰，在歷史上又被稱作「埃及帝國」時代。

---

❹ 在第十三王朝統治時期，地方勢力在克索伊斯地區建立了第十四王朝。據說第十四王朝前後共有七十六位國王執政，但由於缺乏較為詳細的記載及相關遺址古物的發現，對該王朝的存在時間及統治狀況，後人不得而知。

　　第十八王朝的歷史發展可以說是一部對外擴張史。從現在所掌握的資料來看，阿赫摩斯一世曾把西克索人追趕到巴勒斯坦和敘利亞。在擊潰了亞細亞人之後，又遠征努比亞。他的繼任者阿蒙霍特普一世（Amenhotep I，西元前？～1506 年）和圖特摩斯一世（Thutmose I，西元前？～1493 年）繼續發動了對亞細亞人及努比亞人的征戰。圖特摩斯一世率兵到達尼羅河第三瀑布，俘虜了努比亞首領，在那裡建造堡壘，修築防禦工程，他還把埃及版圖擴展到敘利亞北部、幼發拉底河上游。因此，圖特摩斯一世被認為是埃及帝國的奠基人。

　　完成帝國大業的是著名的圖特摩斯三世（Thutmose III，西元前 1504～1450 年）。圖特摩斯三世又名蒙凱帕拉 (Menkheperre)，是古埃及最強大的法老，人們常常把他比作亞歷山大或拿破崙。他大約十歲時即位，其繼母哈特舍普蘇特 （Hatshepsut，西元前 1508～1458 年）一度執政。在親政後的前二十年中，圖特摩斯三世對敘利亞和巴勒斯坦進行了十七次遠征，打敗了敘利亞－巴勒斯坦王子聯盟，第一次控制了該地區的大部分版圖；他遠征到尼羅河第四瀑布，使埃及形成了規模空前的大帝國，獲得了前所未有的對外影響與商業利益。此後，埃及幾代法老都繼續發動對西亞及努比亞的戰爭，但主要目的是鎮壓當地的反叛者，維護埃及的統治，並掠奪財富、牲畜與奴隸，埃及統治者每年都可從西亞地區得到大量貢賦。都城底比斯成為一個國際性都市，自稱有「一百城門」，從底比斯的墓葬壁畫上可以看出，這座都市昔日的榮光：蘇丹人、利比亞人、巴勒斯坦人、黎巴嫩人、敘利亞人、小

圖9：哈特舍普蘇特　她是埃及史上少見的女性法老之一，在她之前有兩位，之後也有，但都不如她的強勢與顯赫。

亞細亞人、塞浦路斯人、以及來自克里特島及愛琴海諸島上的人，穿著華美的衣服，帶著各式各樣的物品到底比斯向法老納貢稱臣。

　　新王國時期，中央專制制度達到高峰，法老成為至高無上的權威的化身。他不僅決定國家的大政方針，控制著軍事大權，而且還掌管宗教事務，以神人合一的形態出現，比如，當法老出現之時，人們會崇敬萬分地說「太陽神從地平線升起」。塔提仍然位居行政官之首。但所不同的是在上、下埃及設置兩個塔提，分管不同的地域，主要負責行政、司法、經濟及神廟事務。塔提之下設有一個龐大的官僚機構，包括財政大臣、國庫總監、產業總管、穀倉監督、書吏、管家、高僧、市長等。軍隊與警察也是國家機

器重要的組成部分。新王國時期官僚制度的特徵是不光從王室貴族、皇親國戚中挑選官吏，而且還從整個統治階層中挑選，說明國家政權代表的是整個奴隸主階級的利益。對於被征服的地區，埃及派總督管理，並有強悍的部隊嚴加防範；帝國也委託地方貴族進行治理，但要把他們的孩子押到埃及做人質。如《圖特摩斯三世年代記》中就記載：王公們及其兄弟的兒子被運往埃及，接受埃及教育，養成埃及人的習性，日後如果這些王公中有人死去，陛下就派他們的兒子來頂替。

在新王國時期，埃及經濟有了重大發展。在農業方面，生產技術有了顯著提高，而且發明了新的汲水裝置，能灌溉位於高地的農田。在金屬鑄造工藝方面，已採用腳踏風箱，大大提高了爐溫，並發明了新的鑄造技術，從而提高了勞動生產力。第十八王朝時期已有了規模很大的玻璃製造廠，生產出來的玻璃品種繁多，有黑色、白色、紅色、黃色、棕色、藍色、紫水晶以及無色透明玻璃等。在建築技術方面，從新王國時期建造的一些神廟與都城來看，當時的建築材料多用石頭（砂石和石灰石）和生磚，建築設計比較考究，技術也比較精細。在紡織工藝方面，從圖特摩斯四世等墓葬中所發現的殘片來看，埃及人以亞麻和羊毛為原料的紡織技術已經十分熟練，新王國時期普遍使用垂直織布機以代替中王國時期的臥式織布機，不僅操作簡單，而且可以織出比較寬的布幅。隨著社會經濟的發展，新王國的對外貿易比較繁榮，商品交換比較頻繁，早期的貨幣始出現，與實物交換並存的是金屬貨幣（包括銅、青銅、白銀、黃金等）開始使用，早期的商人階

層很可能已經出現。

　　王權與神權之爭一直是新王國時期的一大焦點問題。古埃及君主專制的顯著特點是王權與神權的結盟，世俗統治者與祭司貴族的互相利用。由於神廟對君主專制統治起著重要的作用，所以歷代國君都毫無例外地給予神廟慷慨的贈禮。新王國時期，阿蒙神 (Amun) 成為國家的主神，法老們都自稱為「阿蒙之子」 ❺ ，紛紛捐給阿蒙神廟許多財物，其中包括土地、田園、建築物、牲畜、奴隸、容器等。例如，在圖特摩斯三世在位的第二十三年，法老一次就贈給底比斯的阿蒙神廟 1578 名敘利亞人和西亞的三座城市，就連埃及本土的大片土地也慨然相贈（圖特摩斯三世是在大祭司的幫助下恢復王位的）。如此一來，阿蒙神不僅在意識形態領域居於支配地位，也在經濟上擁有越來越雄厚的實力，成為僅次於國王的大地主、大奴隸主。由於阿蒙祭司集團的勢力過於強大，不僅滲透於政府部門，擔任行政要職，而且常常干預宮廷內部的權勢之爭，這種狀況勢必與王權發生矛盾。阿蒙霍特普三世統治時期，阿蒙神廟勢力對王權已構成嚴重威脅，致使法老撤銷了祭司兼塔提的普塔赫摩斯 (Ptahmose) 的職務，王權與神權勢

---

❺　古埃及是一個典型的多神信仰國家，據統計古埃及共有多達二千多種神祇。阿蒙神最初是風神或空氣神，通常化身為人形，頭戴羽毛王冠，新王國時期，阿蒙神被定位為國神，在諸神中占有顯赫地位。法老們便開始將自己的出生與王權的獲得都與阿蒙神聯繫在一起，製造王權與神權合二為一的輿論，這種現象可由當時流傳下來的銘文中清楚看出。

圖10：阿蒙霍特普四世雕像　阿蒙霍特普四世又名阿肯那頓，乃是由阿頓神之名而來。

力的矛盾白熱化。阿蒙霍特普四世 （Amenhotep IV，西元前1379～1362年） 即位後，採取一系列措施抑制打擊阿蒙神廟勢力，掀起了一場有名的宗教改革運動。

　　阿蒙霍特普四世大力提倡對阿頓神 (Aten) 的崇拜以取代阿蒙神的地位❻。他在底比斯阿蒙神廟附近建造了一座巨大的阿頓神廟，把阿頓神奉為唯一和最高的神；沒收了阿蒙神廟及其他一

---

❻　由於阿蒙神的特殊地位，阿蒙僧侶勢力極其強大，從而導致了王權與
　　神權之間的矛盾。經過長期的醞釀之後，阿蒙霍特普四世推行改革，
　　其目的就是為了樹立新的阿頓神，以代替古老的阿蒙神。阿頓神也是
　　太陽神的一種，出現於中王國時期，從阿蒙霍特普二世時代開始，阿
　　頓神的地位大大提高，其最初的標誌是有翼的太陽圓盤。阿蒙霍特普
　　三世時並將其皇宮命名為「阿頓的光輝」。

切神廟的財產，並將其轉給阿頓神廟；將阿蒙神的形象與名字逐漸從建築物上去掉；法老名字中的「阿蒙」也改為「阿頓」，他自己的名字也由阿蒙霍特普（意為「阿蒙滿意者」）改為阿肯那頓（Akhenaten，意為「阿頓神的僕人」）；他把首都從底比斯遷往埃及中部的阿瑪爾那 (Amarna)，新都的名字定為埃赫塔吞（意為「阿頓神榮耀之地」）。為了配合宗教改革，阿肯那頓鼓勵文學、藝術領域的革新，尤其強調現實性與自然美，當時流傳下來的詩歌、祈禱文、碑文、雕刻、繪畫等被稱為阿瑪爾那藝術，阿瑪爾那文學的經典之作就是有名的《阿頓大頌歌》，歌中寫道：

> 光明的阿頓神從明亮的天宮升起，
> 充滿活力的阿頓，
> 您是生命的創造者！
> 當您開始從東方閃現，
> 您帶著您的榮光沐浴了每一寸土地。
> 您就是美妙的、偉大的、輝煌的阿頓！

阿肯那頓的改革遭到了阿蒙祭司集團與埃及名門望族的激烈反對，他們鼓動埃及的屬地進行反叛，並企圖刺殺阿肯那頓。阿肯那頓統治末期，國內政局動盪，王室內部紛爭頗多，加上國內瘟疫流行，普通民眾沒有從改革中得到實際利益，相反卻因修建新都與神廟而增添了負擔，因此對改革漠然置之，許多人仍然熱衷於對阿蒙神的崇拜，使阿肯那頓的改革最後走向失敗。阿肯那

頓死後，他的繼承人圖坦卡門（Tutankhamun，西元前 1347～
1339 年）❼放棄了改革，恢復對阿蒙神的信仰，歸還被沒收的神
廟財產，再把首都遷回底比斯。圖坦卡門還拆除了阿肯那頓的宮
殿、阿頓神廟及其他建築物。此後的法老繼承了圖坦卡門的政策，
徹底葬送阿肯那頓的改革，新都埃赫塔吞成為一片廢墟。直到
1887 年一位犁地的農民發現了大批泥版文書，才引起了英國學界
的關注。此後，經過一系列考古發掘，才使這座一度輝煌的改革
之都，在沉睡了二千五百餘年之後為世人所知曉。

　　第十八王朝的最後一位國王是霍倫哈布 (Horemheb)，他繼續
消除阿肯那頓的影響，並且把阿肯那頓及其三位王位繼承者的名
字從王者名表中消除。他統治了二、三十年的時間，由於無子嗣，
他任命其宰相普拉美斯（Pramesse，西元前？～1294 年）即後來
的拉美西斯一世 (Ramesses I) 繼承王位，埃及歷史進入第十九王
朝時期（西元前 1295～1202 年）。

　　阿肯那頓時期，國內矛盾重重，也無力維持對西亞地區的控

---

❼　圖坦卡門原名為圖坦哈吞 (Tutankhaten)，為了表明自己對阿蒙神的信
　　仰，改名為圖坦卡門，意為「活生生的阿蒙神的肖像」。圖坦卡門英年
　　早逝，雖然沒有什麼作為，但他的陵墓中卻有大量珍貴的殉葬品。
　　1922 年當英國考古學家發現了他的陵墓之後，曾經轟動世界。他的陵
　　墓也是迄今為止保存最完美的法老陵墓，墓中有圖坦卡門本人的木乃
　　伊以及鑲金的櫃子、雕刻精細的金床與靠椅、鑲嵌寶石的金座、精美
　　的藝術壁畫、金光閃閃的戰車以及雕有他本人頭像的金棺柩等五千餘
　　件，現在都保存在開羅博物館。

圖 11：圖坦卡門黃金面具

圖 12：圖坦卡門陵寢 1922 年 11 月，英國探險家卡特歷經多次找尋後，終於發現通往圖坦卡門陵寢的通道。此圖為墓門剛被打開時的情形，從照片中可以看到法老的戰車等物，但由物品擺設凌亂的情形推測，當初圖坦卡門下葬時，似乎處在匆忙的情形，而沒有細心佈置。

制，許多埃及屬國趁機擺脫埃及，所幸第十九王朝的法老們多次對外用兵，基本上穩定了西亞的局勢，但仍沒能消除埃及的所有威脅，尤其是西臺 (Hittites) 咄咄逼人的勢力。拉美西斯二世（Ramesses II，西元前 1304～1237 年）統治時期，埃及與西臺的爭霸達到高潮。雙方爭奪的目標是敘利亞和巴勒斯坦地區。拉美西斯二世組建雇傭軍，裝備了四個軍團，彼此多次交鋒，尤其是卡疊什之戰（Battle of Qadesh，西元前 1274 年）最為有名，結果是互有勝負。由於連年交戰使雙方都筋疲力盡，不堪重負，最後由於西臺穆瓦塔爾王 (Muwatallish) 突然駕崩，加上亞述 (Ashur) 勢力又步步進逼西臺，在此情況下，西元前 1258 年，西臺新國王提出媾和要求，雙方最終簽訂了《埃及—西臺條約》。由於該條約是刻在銀版上的，所以又稱《銀版條約》，主要內容包括：

1. 保持永久性和平，承諾互不侵犯。
2. 當面臨內外危險時，在軍事上互相援助。
3. 對亡命者的拒絕接納與引渡。
4. 神靈對違約者的懲罰以及對守約者的恩典等。

《銀版條約》現存阿卡德語和西臺語文本，它實際上把雙方所占有的勢力範圍合法化，在國際關係史上，《銀版條約》的重要意義在於：這是人類歷史上第一次兩個不同地區的強國（埃及在北非，西臺在小亞細亞，雙方相隔千里之遙），為了爭奪彼此國境外的一個重要地區所進行的長期戰爭與交涉所簽訂的協議。同時，

圖 13：拉美西斯二世　新王國時期最負盛名的君主，對外武功極盛，在國內也大肆興建神廟以表彰其功績，然而卻因好大喜功，嚴重消耗國力，埋下衰亡的種子。

周圍其他大國如米堤、亞述、巴比倫也在不同程度上先後捲入這場複雜的軍事外交鬥爭之中。這也標誌著西元前 2000 年代後半期，東地中海一帶的各文明古國之間關係日益密切，以往那種孤立、閉塞、隔絕的狀態已逐漸被打破。

　　拉美西斯二世統治達六十七年之久，他在位時大興土木，晚年又過著窮奢極欲的生活。他的一生十分輝煌，作為最後一位強有力的法老而載入史冊，但他留給後世的是一個正在走向衰落的埃及。第十九王朝末期發生的伊爾蘇 (Irsu) 奴隸起義削弱了國家政權，並導致了第十九王朝的滅亡。最終靠塞特那克特 (Sethnakhte) 鎮壓了起義，建立了第二十王朝。

塞特那克特之子拉美西斯三世（Ramesses III，西元前 1219～1155 年）是最後一位成功地抵禦外族侵略的法老。當埃及所管轄的區域遭到利比亞部落聯盟及海上民族的入侵時，他率領軍隊英勇抵抗，並取得了勝利。不過拉美西斯三世在治理內政方面沒有什麼建樹，他當政期間，物價上漲，貪污腐化之風盛行，國家經濟狀況急劇惡化。西元前 1176 年，發生了底比斯造墓工人的罷工事件，工匠們衝向神廟，最後迫使當局發給他們五十袋穀物。與此同時，統治階層的內部矛盾尖銳化，王宮貴族和政府中的一些官吏甚至預謀暗殺法老。在拉美西斯三世去世之後，埃及更加衰落，國家政治嚴重腐敗，下層人民的反抗日益加劇，盜墓活動十分猖獗。此時，地方勢力趁機發展，稱雄割據。另外，埃及在近東地區的霸權也因此快速瓦解，敘利亞和巴勒斯坦邦藉機獨立，拒絕向法老繳納貢品。第二十王朝末期，在海上民族的打擊下，王權漸漸衰落，拉美西斯十一世 (Ramesses XI) 已完全成為底比斯阿蒙神廟的傀儡，神廟裡設有獨立的行政機構與經濟機構，並且擁有自己的軍隊。到西元前十二世紀中葉，埃及帝國早已名存實亡。西元前 1085 年，阿蒙神廟祭司荷里赫爾 (Herihor) 篡奪王位，建立第二十一王朝（西元前 1085～945 年），正式標誌著新王國時期的結束和後王國時期的開始。

七、後王國時期（西元前 1085～332 年）

後王朝時期包括第二十一到第三十一王朝，這是一個法老埃及走向分裂與衰亡的年代。國家四分五裂，百姓飽受內亂與外族

入侵之苦。利比亞人、努比亞人、亞述人、波斯人都先後在埃及建立自己的王朝。在第二十六王朝（西元前 672～525 年）時期，埃及曾一度復興，法老尼科二世 (Necho II) 統治時，埃及軍隊曾北上遠征巴勒斯坦、敘利亞，並取得勝利。根據希羅多德記載，尼科二世曾試圖開鑿連接尼羅河與紅海之間的運河，以加強埃及在東西方貿易中的地位（這項工程很可能沒有完成），他還派遣一支以腓尼基人為海員的船隊航行非洲。這個時期，埃及國內的社會經濟尤其是建築業獲得了長足的發展。

西元前 525 年，波斯國王岡比西斯二世（Cambyses II，西元前？～522 年）入侵埃及，自立為法老，建立第二十七王朝（西元前 525～404 年），由於岡比西斯在埃及實行高壓政策，激起了埃及人民的強烈反抗。西元前 522 年，岡比西斯死後，大流士一世（Darius I，西元前？～485 年）繼位。為了穩定局勢，他於西元前 518 年再次入侵埃及。為了平和埃及人民的情緒，大流士保留了埃及人的宗教和信仰。「大流士從埃及統治者那裡學習神學，並模仿在他之前法老的統治。所以，大流士在孟菲斯修繕了普塔神廟，在另一些地方建築了阿蒙神廟。」儘管如此，埃及人民被波斯帝國的繁重稅務和貢賦壓得喘不過氣來，多次發生反波斯起義，並於西元前 404 年獲得獨立，建立了第二十八、第二十九、第三十王朝。但波斯人於西元前 343 年再度入侵，並征服埃及，建立了第三十一王朝（西元前 343～332 年），埃及成為波斯帝國的一個行省。此後，埃及人不斷掀起轟轟烈烈的反波斯運動，但都被鎮壓下去。為了從精神上徹底摧毀埃及人的鬥志，波斯統治

者洗劫神廟，大肆摧毀埃及建築。直到西元前 332 年，馬其頓
(Macedon) 王亞歷山大（Alexander，西元前 356～323 年）征服埃
及，並在孟菲斯稱法老，埃及才結束了波斯人的統治而進入希臘
化時期。從此以後，再也沒有一位國王具有埃及血統，延續近三
千年的法老時代壽終正寢了，曾經輝煌尊貴的埃及權貴們爾後都
成了希臘、羅馬的臣民。

第四節　托勒密王朝與羅馬帝國的征服

當亞歷山大進軍埃及時，沒有遇到當地居民的抵抗，不能忍
受波斯苛政的埃及人甚至視亞歷山大為解放者而歡迎他的到來。
亞歷山大採取寬容政策，對埃及諸神靈表示尊重，促進了埃及人，
尤其是祭司階層對他的好感，所以阿蒙集團稱他為「阿蒙神的寵
兒」。西元前 331 年，亞歷山大離開埃及繼續遠征，由他指定的兩
個總督分管上下埃及。西元前 323 年亞歷山大去世後，其部下各
霸一方，托勒密・臘加（Ptolemai Lagos，西元前 367～382 年）
成了埃及總督。西元前 305 年，托勒密・臘加獨立為王，建立托
勒密埃及王朝。托勒密・臘加的繼任者繼續統治埃及，直到西元
前 30 年，埃及被羅馬征服為止。托勒密埃及王朝經歷十五代君
王，共二百七十五年。

托勒密埃及王朝把亞歷山大帝國軍事民主制的遺風與古埃及
的法老制度結合起來，形成了一種新式的具有希臘化特徵的中央
集權制。處於權力之巔的是集政治、軍事、財務甚至宗教大權於

一身的國王，國王由希臘－馬其頓人擔任。國王之下最有權力的人是財務大臣，他位同宰相，由國王從王親國戚或親信中直接任命，其職責是統管國家糧倉與金庫，是國家經濟命脈實際上的控制者。在行政區域劃分上，托勒密埃及王朝保持了埃及過去的塞普建制，把上下埃及分成四十個塞普，塞普之下設區，區下設村。塞普的總督是名義上的最高地方行政長官，但實際權力不斷受到中央的制約與限制。由於托勒密埃及王朝實行軍屯制度，駐屯到各個塞普的軍隊長官斯特拉提戈斯（Strategos，意為「將軍」）除了掌握軍權之外，還大力干預地方行政事務與司法事務，成為塞普的實際控制者。這些將軍也主要由希臘－馬其頓人充任。在將軍、總督之下，各塞普還設有總財政官、總設計師等分管具體事物的官吏。

　　托勒密埃及王朝專制制度的一大特點是兩套法律系統並存。一套使用於希臘人，一套使用於埃及人。案件涉及雙方時則組成混合法庭。起初，兩套法律系統尚能平行發展，後來希臘人的法律逐漸居於主導地位。由此可見，從政權的歸屬、組織形式和實現統治的制度等方面來考查，托勒密王朝實行的是君主專制統治體制，以希臘統治階級為主，加上埃及高級僧侶和貴族階級，共同組成的中央集權體制。托勒密作為埃及至高無上的君主，具有絕對的權威，他是法律的源頭，他的意志就是最高法律。

　　托勒密國王以最高土地所有者的身分控制全國的土地。他把全國的土地分成兩大類：一類為「王田」，直接歸王室所有。王田由國家官員經營，由王田農夫（又稱為「國王佃農」，希臘語中稱

之為「勞伊」）耕種，農夫以租借的方式獲得一部分土地，向王室繳納實物地租。種籽要由王室提供，耕種的品種也由王室決定。王田農夫要承擔繁重的苛捐雜稅，還要服一定的勞役，如修運河、開堤壩。關於王田農夫的身分界定至今在學術界仍爭執不休，有人認為他們是國王的奴隸，有人認為是農奴或者半農奴，但更多的人認為，他們應該是具有人身自由的佃農。根據西元前 118 年的一道《赦令》，其中把王田農夫與僧侶、戰士一樣並列為國王赦免的對象；另一類統稱為「授田」，有的授給神廟，有的賜給親信官員作為俸祿，也有的分給了軍人。授田的耕種方式類似於王田。托勒密國王用嚴格的稅收制度來控制國家經濟，據估計當時的各種稅收多達二百餘種，如土地稅、房屋稅、苗圃稅、家禽稅、人頭稅、交易稅、關卡稅、打魚稅、屯田稅、經營稅等等，稅收形式是食物稅與貨幣稅並行。

　　托勒密王朝時期，埃及的社會經濟有一定的發展。統治者鼓勵人們開墾荒地，種植果園，擴展農業生產，並從事農具改革與作物的改良。國家還大力修建水利設施，以利於農業活動，特別是托勒密二世（Ptolemai II，西元前 308～246 年）在位時，在法尤姆地區修建複合渠道，以控制水流，使該地區的可耕地面積增加了兩倍。畜牧業、養殖業以及各種手工業也有了較大的發展，尤其是托勒密埃及的玻璃製造工藝更享譽整個希臘化世界。這一時期，埃及的對外貿易非常繁榮。由於亞歷山大里亞地理位置優越，很快成為地中海地區的商貿中心與商品集散地。托勒密二世也開通了連接紅海與尼羅河的運河，建立一系列貿易據點，使商

路直達索馬利亞，埃及成了地中海地區國際貿易的中心點與中轉站，埃及主要出口紙草、穀物、啤酒、亞麻、玻璃等，進口貨物主要有木材、金屬、大理石、酒、肉桂、藥物、香料、橄欖、棉、綢以及貴重寶石等。

　　托勒密王朝雖然以武力開國，但卻十分鼓勵發展文化事業。亞歷山大里亞取代雅典成為地中海最大的文化中心，圖書館與博物館的建設是托勒密王朝的兩大傳世功績。仿照古希臘亞里斯多德圖書館的風格設計的亞歷山大圖書館，於托勒密一世時期開始籌建，完成於托勒密二世。托勒密二世曾任命了集數學家、天文學家、地理學家、哲學家及詩人於一身的古希臘一流學者埃拉托色尼（Eratosthenes，西元前 276～194 年）為圖書館館長，專門負責收集、整理古希臘及其他民族的優秀文化遺產。學者翻譯《聖經》及巴比倫人的各類文獻，學術活動吸引了大批希臘、羅馬學者如阿基米德（Archimedes，西元前 287～212 年）、阿里斯塔克（Aristarkhos，西元前 310～230 年）等，歐幾里德（Euclid，西元前 325～265 年）正是在這裡寫出了他的不朽之作《幾何學原理》。據估計，當時亞歷山大圖書館的藏書在四十萬到七十萬冊之間。亞歷山大里亞的博物館也非常著名，它下設文學、數學、天文和醫學四個部門，廣攬許多國家的一流學者，為他們提供學術研究的便利條件，如減免賦役，提供免費食宿等。亞歷山大里亞的學者們繼承並發揚了希臘及東方文化的優秀成果，他們在天文學、數學、地理學、物理學、文學及醫學方面的成就深得後人稱讚。

　　西元前 30 年，屋大維（Octavius，西元前 63～西元 14 年）
率領羅馬軍隊占領了尼羅河地區，結束了托勒密王朝的統治。埃
及被劃為羅馬帝國的一個行省，成了羅馬人的糧倉。在羅馬帝國
的高壓政策下，以基督教為核心的羅馬文化逐漸排擠、取代了古
埃及文化。西元 395 年，東、西羅馬帝國分裂，埃及併入東羅馬
帝國（即拜占廷帝國）的版圖。在羅馬和拜占廷帝國長達六百多
年的專制統治下，埃及人民遭受到了沉重的奴役與壓迫，他們所
要承擔的苛捐雜稅多達五百餘種，連死人也要納稅。在不堪重負
的情況下，埃及人不僅棄田逃亡，也多次進行起義與暴動。上埃
及的人民曾以底比斯為中心揭竿而起，一度戰勝羅馬駐軍，占領
了亞斯文等地。西元 172 年，亞歷山大里亞附近的農牧民暴動，
持續三年之久，幾乎要奪取亞歷山大里亞城，給統治造成了極大
的威脅。六世紀末葉起，拜占廷帝國內憂外患，風雨飄搖。西元
640 年，阿拉伯人入侵埃及，結束了東羅馬帝國的統治，從此，
埃及歷史進入了阿拉伯時代。

古典輝煌：
埃及文明覽勝

第一節　高超的建築技藝

　　古埃及人以其高超的工藝技術、豐富的藝術鑑賞能力、令人感歎的刻苦精神，創造了許許多多建築史上的奇觀：例如神祕莫測的金字塔、舉世聞名的司芬克斯像（Sphinx，漢譯為人面獅身像）、宏偉壯觀的盧克索、卡納克 (Karnak) 神廟……古埃及的建築已經達到了令人難以想像的境界。建築形式不僅表現在金字塔、神廟、宮殿、城鎮的建造上，連普通民居也很有特色：建築風格多以軸對稱，平面有形，廳殿外表有裝飾。這一風格形成於古王國時期，一直延續到托勒密時代。

　　「萬物終消失，金字塔永存」，這是一句著名的阿拉伯諺語。確實，金字塔自建立之日起，就像一位充滿智慧的歷史老人，巍然屹立在尼羅河畔，五千年中它們飽覽世事之滄桑，領略文明之巨變，早已成為埃及之象徵、歷史之見證。如今，「金字塔學」已

成為遍布世界的一門學問，研究著作已達數百種之多。世界各地的金字塔崇拜者甚至每年都要去埃及朝拜。四面八方的遊客更是不遠萬里前往，只為一睹金字塔之風采。

　　金字塔是埃及國王為自己修建的陵墓，是一種方底、尖頂的石砌建築，由於金字塔是角錐形，從四面望去都呈等腰三角形，酷似漢語的「金」字，才漢譯為「金字塔」。埃及人稱金字塔為「麥爾」(Mr)，本意為「升起」，喻意為「國王及太陽神升天之處」。英語中稱金字塔為 Pyramid 或 Pyramide，來源於古希臘文中的 Pyramis，意為「小麥餅」，據說是希臘人看到埃及的金字塔，就聯想到了他們自己吃的小麥餅，因此而得名。

　　埃及現已勘測到的金字塔有九十六座，其中法老金字塔四十七座，從外形上可分為階梯形（九座）、方錐形（三十六座）、彎弓形（一座）和石棺形（一座）。金字塔均坐落在尼羅河西岸，北起阿布－羅什（開羅東北），南到法尤姆，南北綿延達 100 多公里。金字塔的修建與布局和埃及人的生死觀有直接關係。他們認為，人的肉體與靈魂是不可分的，死亡只是二者的暫時分離，經過一段時間之後，靈魂就要返回肉體，並獲得再生。但是，如果屍體沒有保存好，靈魂就無法返回，只能永遠飄零。由於他們把保存屍體與獲得再生連接在一起，所以埃及國王及王室主要成員都極為關注為自己修墳築墓，不惜耗費鉅資建造金字塔。在埃及人的觀念中，尼羅河的東面是太陽升起的地方，象徵著生命與今世；西面則是太陽降落的地方，象徵著死亡與來世，因此，金字塔全集中在尼羅河西岸。

　　金字塔始建於古王國的第三王朝時期。在此之前，埃及人的墳墓是先在地下挖坑，埋入屍體，再堆成沙丘，沙丘外部用石頭圍住，後來則發展為在沙丘外面砌起泥磚或石牆。這種墳墓在外觀上呈長方形，很像阿拉伯人在戶外使用的長凳，所以被稱作「馬斯塔巴」（Mastaba，在阿拉伯語中的涵義是「長凳」）。從第三王朝開始，馬斯塔巴才被改造成金字塔。最早的金字塔是第三王朝的開國法老佐塞王 (Djoser) 時期在薩卡拉建造的 「階梯金字塔」（一說建於西元前 2780 年，一說建於前 2650 年），這座金字塔的建築設計師是伊姆霍太普 (Imhotep)。據記載，他出身於平民，靠自己的智慧與才幹，當上了宰相，並兼任總建築師、僧侶長等職務。為了把國王的墳墓與其他臣屬的墳墓區別開來，他在原來設計的馬斯塔巴的頂部重疊增加了逐層縮小的馬斯塔巴，而且在用料上別出心裁，用石料取代泥磚，最後形成了一個六級的階梯金字塔，這是埃及歷史上第一座石造陵墓。這座階梯金字塔高 60 公尺，底邊東西長 121 公尺，南北長 108 公尺，地下墓室深約 28 公

圖 14：馬斯塔巴
馬斯塔巴是早期法老王的陵寢形式，其結構為地下墓室和地面上之長方形墓塚。

尺，表面覆蓋著美麗的白色石灰岩。金字塔的底部，有國王的墓室，周圍有許多走廊與通道，並陳列了三萬多個石製器皿。階梯金字塔的周圍，還有一些附屬建築物，包括圓柱大廳、露天大廳、南宮、北宮、葬祭廟等，並圍有高大的城牆（長 544 公尺，寬 277 公尺，高約 10 公尺，占地面積 15 公頃），城牆上有二十四座城門（其中十三座是假門），這樣就構成了以金字塔為主體的宏偉建築群。伊姆霍太普的天才設計使他的名字永遠與金字塔聯想在一起，第十八王朝時期，他的建築巧思仍然得到高度評價。從第二十六王朝開始，也就是在他去世二千年之後，伊姆霍太普被尊為智慧之神，埃及建造了很多祭祀他的廟宇。有人推測伊姆霍太普也葬在離階梯金字塔不遠的地方，但至今未發現他的陵墓。

　　佐塞王的後繼者胡尼王 (Huni) 在美杜姆 (Maidum) 也建立了一座八級的階梯金字塔，高約 92 公尺，邊長 144 公尺。後來又把各層之間用石塊填平，外面覆蓋上石灰石。這是由階梯金字塔向錐體金字塔的過渡。第四王朝的開國法老斯尼弗魯 (Sneferu) 建造了真正意義上的金字塔。他總共建了三座金字塔，第三座最令他滿意，塔高 97.26 公尺，邊長 213 公尺，角度 43°40′，由於塔身覆蓋紅色石灰石，所以被稱為「紅色金字塔」。斯尼弗魯的兒子古夫 (Khufu) 及其後的兩代國王哈夫拉 (Hhafre) 和孟考拉 (Menkaure) 建造了埃及歷史上最負盛名的三座金字塔。二百多年前，拿破崙征戰到吉薩時曾為眼前的奇觀驚歎不已，他做了一個估算：如果把修建這三座金字塔所用的石材加在一起，砌成一個高 3 公尺，厚 1 公尺（一說為 0.3 公尺）的石牆，可以沿整個法

圖 15：階梯金字塔

圖 16：彎曲金字塔

圖 17：紅色金字塔

圖 18：古夫大金字塔

分散墓穴天花板重量的房間

古夫王的墓室

空氣孔

空氣孔

密室
(裡面有空的石棺)

女王墓室

大迴廊

原來的通路

現在的通路

地下室

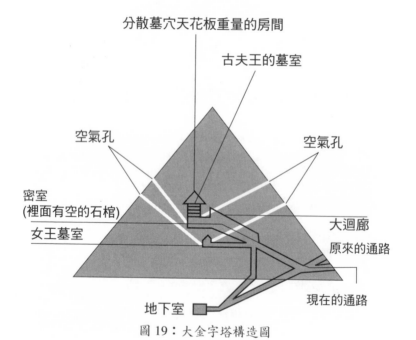

圖 19：大金字塔構造圖

國的國境線繞上一周。

　　古夫金字塔是規模最大的金字塔，所以又稱「大金字塔」。塔身原高 146.59 公尺，塔基呈四方形，邊長 230 公尺，經歷了數千年的風化剝落之後，現高 137 公尺，邊長約 227 公尺，底角為51°51′，整個塔身坐落在一座巨大的凸形岩石上，占地面積約 5萬平方公尺，體積約 260 萬立方公尺，繞塔一周約 1 公里。1889年法國艾菲爾鐵塔落成之前，古夫金字塔一直是地球上的最高建築物。古夫金字塔主要採用石灰石砌成，墓室則採用大塊花崗岩。塔身由二百三十萬塊石頭堆疊而成，外層石塊約十一萬五千塊，平均每塊石頭重二噸半。塔身所用石料就地開採，而外層所用的上等白色石灰石則來自尼羅河的穆蓋塔姆山。經歷了四千五百多年的風吹日曬，大金字塔依然十分牢固，棱角分明可見，塔身沒有明顯的傾斜。每塊石頭都磨製得很平，而且石塊之間縫隙很小，疊落有序，更不可思議的是石塊的連接沒有依賴粘著物，完全靠石頭本身的重量緊壓在一起。據希羅多德記載，古夫金字塔的修建耗時二十載。金字塔地下墓室的建造也十分複雜，主要有甬道、古夫墓室、王后墓室。

　　1952 年，一位年輕的埃及考古學家，在古夫金字塔南側 18公尺處發現了一個平鋪著白色石灰岩石板的大石坑，全長足有 60多公尺，石板被吊起之後，坑內飄出一股奇異的香味，接著出現的是一堆大大小小、長短不一的木塊、蘆葦和繩索。原來這是西元前二十七世紀古夫法老所用的一艘古船，古夫死後他的兒子哈夫拉用它把古夫的木乃伊從孟菲斯運到吉薩，然後，把船拆成一

千二百二十四塊部件，安放在這個石坑裡。埃及文物修復專家經
過多年努力，終於恢復了古船的原貌：船身長 43 公尺，船頭高 6
公尺，船尾高 7.5 公尺，櫓槳齊全，首尾高昂，形態優美壯觀。
據考證，這是古夫法老的「太陽舟」（與古王國時期對太陽的崇拜
有關，人們認為，國王死後，可以乘坐太陽舟與太陽神一起晝夜
航行，靈魂永生）。「太陽舟」的發現是埃及考古學的一大奇觀，
對研究埃及的航行、造船技術及古王國的社會生活狀況具有十分
重要的意義。古船現存在由義大利人設計的太陽舟博物館內。

圖 20：復原後的太陽舟

　　哈夫拉金字塔建在古夫金字塔的南面，就其規模來說是埃及第二大金字塔。塔身原高 143.5 公尺，現高 136.5 公尺，底邊原長 215.2 公尺，現長 210.5 公尺，底角為 53°10′。哈夫拉金字塔座落在一座較高的平臺上，是當今保存最完整的金字塔。與古夫金字塔相比，其特點是塔身坡度大、外觀更顯華麗、內部設計精美、墓室結構單一但更規範化。哈夫拉金字塔的下部用紅色花崗岩鑲砌壁面，石棺是用上乘的大理石製作。

　　哈夫拉金字塔的外圍保存了比較完整的附屬建築群，如祭廟、砌道、巨幅雕像等。哈夫拉金字塔的前面屹立著著名的人面獅身像，據說它的面貌是以哈夫拉法老為原型，寓意在於把人的智慧靈氣與獅子的勇武之態結合在一起，有的研究者認為，人面獅身像的製作很可能與古埃及人對獅子的崇拜有關，埃及神話中常把

圖 21：人面獅身像

獅子作為聖地的保護者。人面獅身像高 20 公尺，體長 57 公尺，加上前爪共 72 公尺，面部有 5 公尺長，兩隻耳朵約 2 公尺高。最初的人面獅身像非常漂亮：它頭戴王冠，額頭上有眼鏡蛇浮雕，留著長鬚，坐西向東，給人以威嚴肅穆之感。經歷了歲月的侵蝕之後，今天的人面獅身像已面目滄桑，但它一直是歷史的見證者。從 1965 年起，埃及旅遊部門在人面獅身像前設計的「聲與光」表演，一直吸引了眾多的遊客。表演的主題是利用現代化電子設備與深沉悠揚的古典音樂，把遊客帶入了遙遠的金字塔時代，讓人們張開想像的翅膀，體驗古典風情，感悟歷史的脈搏。與此同時，一首深沉優美的朗誦詩在人面獅身像及金字塔的上空迴蕩：

> 歷史從這裡開始，
>
> 每當清晨，
>
> 從尼羅河彼岸，
>
> 透過晨霧的第一縷曙光，
>
> 吹拂在人面獅身像的額上，
>
> 四十五個世紀來，
>
> 它伴隨著日升月沉、滄海變遷。
>
> 過去，
>
> 它沐浴了歷史的晨曦，
>
> 將來，
>
> 它又將看到新文明的光芒普照東方大地。
>
> 它——一位忠誠的守護者，

保衛著不朽永存的文明；

它——一位飽經風霜的老人，

眉目上留下了人世滄桑的痕紋。

……

　　吉薩地區的第三大金字塔是古夫的孫子、哈夫拉之子孟考拉的金字塔，它位於哈夫拉金字塔西南不遠處，塔高 66.5 公尺，塔底邊長 108.5 公尺，底角為 51°，建築工藝及規模都比不上前兩座金字塔。孟考拉金字塔的南面並列著三座小金字塔，是法老親屬的墓地，周圍有許多馬斯塔巴。在生產力水平低下、生產工具落後的古埃及，金字塔的修建給老百姓造成了沉重的負擔，激起人民的反抗，同時也耗費了國庫的積蓄，成為導致國家衰落的一大因素。第五、第六王朝之後，修建金字塔之風大減。

　　金字塔留給後人的是一系列的疑問：金字塔到底被誰所建？它採用了怎樣的採石、運石方法？為什麼在發掘金字塔的過程中曾有許多人莫名其妙地死去？「金字塔能」是否存在？這一系列問題一直爭論不休，金字塔學家的每一點進展都會引起世人強烈的關注。

　　寺廟建築是古埃及建築史上的另一奇觀。古埃及的寺廟主要分為兩類：一類是為神靈建立的神廟，又稱作「神之家」，目的是為了表達人對神的信仰與敬慕；另一類是為了祭祀過世法老而建造的祭廟。埃及現存最早的神廟是古王國時期人面獅身像前的「司芬克斯廟」，距今有五千年的歷史，結構比較簡單，只有六根柱子

圖 22：盧克索神廟的列柱迴廊

圖 23：卡納克神廟入口處　卡納克神廟是底比斯最重要的神殿，是中王國及新王國時期法老舉行祭典的所在，其建築群包含了神壇、列柱、塔門、方尖碑。經過歷任法老的不斷整建，整座建築群占地十分遼闊，長 1500 公尺，寬 800 公尺。

支撐。新王國時期，隨著社會經濟的繁榮，法老大肆興建神廟，所以新王國時期又被稱為「廟宇時代」，其中最著名的建築是位於上埃及底比斯尼羅河東岸，為阿蒙神建造的盧克索神廟和卡納克神廟。盧克索神廟呈長方形，全長 189.89 公尺，寬 55.17 公尺，其建築風格完全體現了古埃及神廟建築的特點：門樓、露天庭院、大柱廊、立柱大廳和神殿等五個部分。柱廊由十四根圓柱組成，每根高 20 公尺，柱廊上的浮雕刻畫的是祭祀的場面；立柱大廳由三十二根圓柱組成，柱頭雕刻著形如綻開的紙草卷。整個神廟共用了一百五十一根圓石柱，對稱布局，給人以壯觀、神秘之感。

　　卡納克神廟是世界上最大的神廟，也是古埃及人祭祀阿蒙神

的最高神殿。它始建於古王國時期，新王國時期的圖特摩斯一世、圖特摩斯三世、拉美西斯一世、拉美西斯二世、拉美西斯三世等法老都先後擴建或裝修了神廟，使之成為一個規模宏大的廟宇建築群，北牆長 530 公尺，西牆長 700 公尺，東、南牆均長 510 公尺。建築群中央的阿蒙神廟呈正方形，共有門樓十座，位於二、三號門樓間的圓柱殿是古埃及最大的柱殿，占地面積約 5000 平方公尺，矗立著一百二十二根石柱，每根直徑為 3.5 公尺，中間有十二根巨型柱，排列兩行，柱高 21 公尺，圓周 11 公尺，大約六七個人才能圍住，據說每個柱頭可站立一百個人，柱子是用圓形石材堆積起來的，上面刻有象形文字的銘文。卡納克主神廟的周圍還有一系列建築如圖特摩斯三世的宴會大廳、中王國時期的祭祀殿以及其他神靈的廟宇。

　　古埃及人建造神廟的歷史遠遠超過了建造金字塔的歷史，可以說神廟建築與古埃及文明相始終，反映了古埃及人對宗教信仰的虔誠與執著。除了神廟與金字塔之外，古埃及人在要塞建築方面也有傑出的成就，考古學家在尼羅河第二瀑布發現了中王國時期的要塞，為後世的學術研究提供了寶貴的素材。古埃及還於西元前 283 年建造了聞名地中海世界的亞歷山大燈塔。該燈塔位於亞歷山大港對面的法羅斯島上而得名，高 146 公尺，頂層有圓形燈火樓，並裝有反射鏡，據說在夜間，航海人可以在 40 公里處看到燈塔，不幸的是亞歷山大燈塔於西元 1326 年倒塌。我國南宋時期著名的地理學家趙汝适在他所著的《諸蕃志》（大約成書於西元 1225 年）中曾這樣描述亞歷山大燈塔：

相傳古有異人徂葛尼（即亞歷山大大帝），於瀕海建大塔，下鑿地為兩屋，磚結甚密，一窖糧食，一儲器械。塔高二百丈，可通四馬齊驅而上，至三分之二。塔心開大井，結渠透大江以防他國兵侵，則舉國據塔以拒敵。上下可容兩萬人，內居守而外出戰。其頂上有鏡極大，他國或有兵船侵犯，鏡先照見，即預備守禦之計。近年為外國人投塔下，

圖24：亞歷山大燈塔想像圖

執役掃灑數年，人不疑之。忽一日得便，盜鏡拋沉海中而去。

第二節　神祕的象形文字

文字是文明的表象與靈魂，古埃及人發明的象形文字是一種由表意符號、表音符號、限定符號三部分組成的相當複雜的文字系統，約形成於西元前 4000 年左右。象形文字的出現與埃及人的宗教觀念關係密切，他們認為文字是由文字之神托特神所創造，是極為神聖的，托特神掌管著知識與魔法，因此也被稱為「智慧之神」。 在英語中象形文字是 Hieroglyph ， 它源於古希臘語的 hieros（神靈）和 glupho（雕刻）。據說這是因為希臘人到埃及後看到象形文字大都刻在神廟的牆壁上，所以才這樣稱呼象形文字。

象形文字最早是由圖畫文字演變而來的，通常用一些形象、直觀的符號來表達一些具體的事物。大約到西元前 3500～3100 年涅伽達文化 II 時，因為圖畫文字本身已經很難對越來越多的生物體或非生物體作出描繪，所以圖畫文字逐漸過渡到象形文字。象形文字很可能最早起源於上埃及，考古學家從阿姆拉遺址、塔薩遺址等地都發現了早期的象形文字標記。目前在埃及發現的歷史最悠久、 內容最完整的象形文字是在上埃及希拉康坡里斯 (Hierakonpolis) 地區出土的一塊納爾邁石板 （也稱 「納爾邁調色板」），它反映的是西元前 3100 年左右，納爾邁王征服尼羅河三角洲的情景：他頭戴白冠和紅冠，一手高舉權杖，一手抓著跪在地

上的敵酋的頭髮，象徵著他的威武之態和王者之氣。在納爾邁調色板上，刻著一些象形文字的符號，研究者認為，它們代表的是納爾邁與敵酋的名字。其中，有六棵生長著的植物，可能代表盛產於三角洲的紙草。此外，象形文字一般也刻在神廟、紀念碑或者墳墓的墓碑上，一方面表達敬重之意，另一方面也可做裝飾之用。

因為象形文字本身非常逼真、優美，如果再塗上顏色，精心布局，會顯得非常美觀。但這種主要作為銘文的象形文字，筆劃繁多，華麗誇張，很難書寫，大約在第五王朝時期，書吏們開始簡化筆劃，發明了一種較為簡便的草書體來代替原來圖形清晰的文字符號。在希臘、羅馬統治時期，這種文體被祭司們專門用來抄寫宗教文獻，所以被稱為「祭司體」，但當時一些正式的官方文件和銘文仍使用傳統的象形文字。大約在西元前 700 年左右，一種更簡便、更具有草體特徵的象形文字——「世俗體」出現，很快在上層社會和民間流傳開來，大有取代「祭司體」之勢。「世俗體」 一詞來源於希臘語的 demoticos 一詞 ， 意為 「民間」、「大眾」，它不僅用於法律文書、公文契約，而且用於日常生活，成為古埃及最常用的一種文字。亞歷山大征服埃及之後，希臘語成為官方語言，並逐漸為埃及的貴族所接受。西元前三世紀，埃及人吸取希臘語中的二十四個字母，創造了科普特文字，這是古埃及的最後一種文字系統。羅馬統治時期，科普特文還廣泛使用。等到阿拉伯人征服埃及之後，古埃及的文字系統逐漸消失。

埃及文字在世界文字史上占有很重要的地位，因為它直接推

圖 25：祭司體殘片

動了腓尼基字母文字的產生，許多腓尼基字母符號正是源於象形
文字。古埃及的文字對保存、傳播埃及文化遺產也扮演著十分重
要的作用，因為「對於現代人來說，古埃及文明是早已消失的文
明，但文明的內容依然活著。如同中國人對遠古時代殷、商的解
讀是透過甲骨文，現代人對古老埃及文明的解讀則通過象形文字。
文字是文明的靈魂，只要這種文字能向後人傳達前世的某些信息，
讓人感受到留下那文字的人的生活片段，這文字便是活的，這文
明便是活的」。在破解古埃及象形文字上，法國學者商博良立下了
汗馬功勞，被譽為古埃及語言學之父。

　　古埃及文字的發展與書寫材料的發展是同時進行的，書吏們
在石料、木料、陶器、皮革、金屬及麻布上書寫，但最普通的書
寫材料是紙草紙。紙草是一種植物，普遍生長在古尼羅河谷地，
尤其是下游的三角洲沼澤地。紙草有多種用途，但最主要的是用

來造紙，所以才名為「紙草」。古埃及人書寫了大量的紙草文獻，記載了文明發展的軌跡，所記載的內容涉獵銘文、地理、天文、醫學、數學、藝術等方面。迄今發現的紙草文獻大約有十萬張，大部分出土於氣候乾燥的上埃及。埃及現存最早的紙草文獻是第五王朝時期國王的一個帳本，距今有四千五百多年的歷史。西元三世紀以後，廉價的羊皮紙逐漸替代了紙草紙，西元 936 年埃及停止了紙草紙的生產。當今的埃及學者一直致力於對紙草文獻、紙草的種植與紙張生產工藝等方面的研究。漂泊在尼羅河上的「拉加伯博士紙草博物館」，收集了大量的實物與研究資料，應該說是世界上最大的流動博物館。

第三節　璀璨的文學成就

古埃及文學在近東地區乃至整個古代世界都占有十分重要的地位，文學作品的形式多種多樣，包括神話傳說、祈禱文、詩歌、小說、散文、傳記、教諭文等各個方面，從不同的角度反映了古埃及人的社會生活、思想狀態及價值觀念。

一、神話故事與《亡靈書》

神話是人類最早的心智活動的記錄，具有豐富的底蘊與內涵。埃及人不僅保存了人類最古老的文化遺跡，而且創造了人類最古老的神話。長期流傳的多神信仰，為神話的產生提供了客觀條件。人們以神靈為主題，借助於自身豐富的想像力，創作了數以千計

的神話故事和神話寓言。古埃及的神話文學在紙草文獻、碑銘、
墓誌中都有發現。大約西元前 2000 年的石棺銘文〈創世神的獨
白〉中寫道：

> 我完成了四項豐功偉績：
> 在地平線的範圍內，
> 我令地面上有四種風，
> 讓人們可以隨意呼吸；
> 我叫尼羅河氾濫，
> 窮人和富人都從中吸取力量；
> 我教導人們熱愛夥伴，
> 不做任何損人的事情；
> 我提醒人們勿忘西部，
> 須按時給神獻上供品。

在埃及神話中流傳最廣的是奧塞利斯 (Osiris) 的故事。該故
事散見於金字塔銘文及其他宗教典籍中，並在民間代代流傳，不
斷被加工、充實。其主要情節是：奧塞利斯是一位善良、寬厚的
國王，但他的兄弟塞特 (Set) 卻謀權篡位，殘殺了奧塞利斯。王后
伊西斯 (Isis) 歷經磨難找到了奧塞利斯被分解的屍體，她以悲痛
的哭聲打動了天神，天神運用神力使奧塞利斯復活，但不久奧塞
利斯又被塞特謀害，屍體被肢解成十四塊棄於各地。伊西斯再次
找回了丈夫的屍體，在天神的幫助下，伊西斯和奧塞利斯靈魂受

圖 26：奧塞利斯與伊西斯

孕，並生下了霍魯斯 (Horus)。霍魯斯長大後，與塞特進行了長期
爭奪，終於奪得了王位，為父親報了仇。奧塞利斯神話，反映了
古埃及人的善惡觀、正義感以及渴望死而復生的心態。

　　中王國和新王國時期在政治、經濟、宗教等方面都有了很大
的發展，隨著文學創作的繁榮，神話故事的創作也日臻完善，當
時留下來的許多銘文都描述了拉神與其他神靈戰鬥並獲得勝利的
神話。柏林博物館收藏的紙草文獻中，對拉神做了這樣的描述：

　　　　因為拉神變成了它們的主宰，
　　　　卑賤者死在他的刀下，
　　　　而蛇噴出了吞沒的東西。
　　　　但是拉卻升起在自己的聖堂中！
　　　　拉是強大的，敵人是微小的！

　　拉是崇高的，敵人是低下的！

　　拉是活著的，敵人是死亡的。

　　《亡靈書》（或直譯為《死人書》）是中王國時期開始出現的
一種宗教文學形式，一般書寫在紙草或者皮革上，與死者一起埋
入墳墓，有的還配以彩色插圖。其內容有的是讚美神靈，有的是
乞求赦免，有的是魔法咒語，有的則是說明自己生前的清白與無
辜，如新王國時期的一章《亡靈書》中曾這樣寫道：

　　我沒有對人作惡，

　　沒有虐待牲畜，

　　我沒有在真理之處（按：神廟和墓地）犯罪。

　　我沒有知道不應知道的事情，

　　我沒有作過任何危害。

　　……

　　我沒有褻瀆神明，

圖27：亡靈書片段　圖中顯示
的是靈魂過秤的觀念。人死後
被死神阿努比斯帶至審判室。
死者的心臟放在天秤右方，左
方則放置代表真理的羽毛。若
右方重於左方則死者得順利往
生來世，反之則被圖中像狒狒
的動物吃掉心臟，難以超生。

　　　　我沒有搶劫窮人。

　　　　……

　　　　我沒有殺人，

　　　　我沒有指使人殺人。

　　與《亡靈書》相類同的宗教文學還有《葬儀文》、《鬼門書》、《陰間地府書》等。

二、傳記文學

　　傳記是埃及早期文學的一種重要形式。古埃及的國王、大臣及貴族常常在死後要把一生的官職、榮譽、功業、美德及善行等以銘文的形式刻在石碑、墳墓的牆壁，或者寫在紙草紙上以昭示世人，求得在來世永恆，從而形成了一種特殊的文學題材。這些作品雖然格式刻板、內容單調，並不乏誇大吹噓之詞，但為後人了解當時的社會風貌、等級劃分、政府機構、王朝更替及其他重大歷史事件提供了重要的背景資料。

　　埃及最早的自傳銘文是第三、第四王朝時期的《梅騰自傳》，記錄了大臣梅騰的為官經歷與財產，對我們了解當時的官職設置、階級關係及土地制度大有幫助。因此，《梅騰自傳》的史學價值遠遠超過其文學價值。到了第五、第六王朝時期，自傳的篇幅明顯擴大，開始以生動的文字描述主人公的生平與偉業，記實文學的特徵越來越明顯。古王國時期，最著名的傳記作品是《大臣烏尼傳》和《哈爾古夫 (Harkhuf) 自傳》。《大臣烏尼傳》記載了烏尼如

何遠征西亞，如何受國王之命處理王宮中的陰謀事件，以及他自己所獲得的官職、所享有的特權等。哈爾古夫是第六王朝時期的一位寵臣，烏尼死後，他被任命為上埃及總督，曾率兵四次遠征努比亞。《哈爾古夫自傳》詳細地記述了他的軍旅生涯以及他本人的高尚品德，其中有一段寫道：

> 我給飢餓者以麵包，
> 我給赤身裸體者以衣物，
> 我送無船過河者到岸邊。

　　中王國時期傳記文學的代表作是《英坦夫自傳》，主要內容是讚頌自己的智慧與美德，如遇事從容、料事如神、克己忍耐、慷慨助人等等。新王國時代的傳記作品多以表現主人公如何跟隨法老南征北戰，為國立功，代表作有《阿赫摩斯‧潘‧尼克伯特 (Ahomose Pen Nekhbet) 傳記》、《阿蒙尼姆海布 (Amenemheb) 傳記》等。後王朝時期出現了一些僧侶傳記，在題材與格式上仍然是繼承古王國時期以來的特徵，沒有什麼新的突破。

三、教諭文學

　　教諭文學又叫訓誡文學、智慧文學，是西亞、北非地區特有的一種文學形式，主要是智者、賢人或長輩對一般人及晚輩的教誨、引導與告誡，其主題是如何營造和諧的社會倫理關係、如何確立良好的行為規範。古王國時期是教諭文學發展的鼎盛時期，

最早的作品是《對卡蓋美尼 (Kagemni) 之教諭》，其內容是胡尼王
教導自己的兒子卡蓋美尼要克制自己、戒貪和戒驕。《哈爾傑德夫
(Hardjedef) 教諭》記述了古夫王之子哈爾傑德夫如何成家立業、
建造墓地的事迹。現存最完整、內容最長的教諭文學作品是古王
國時期的《普塔霍特普 (Ptahhotep) 教諭》，全文除敘、跋之外，
有三十七節箴言及結語，系統地反映了古埃及人對謙遜、慷慨、
正直、沉著等品德的讚賞與追求。在這篇教諭作品中，普塔霍特
普這樣教育他的兒子：

> 不要為你的知識而驕傲，
> 不要以你的聰明而自信，
> 要和愚者與智者商討。
> ……
> 假如你想獲得最高的品行，
> 就要免除一切邪惡，
> 杜絕貪婪的惡習，
> 那是一種痛苦的不治之症，
> 沒有人能夠擺脫。
> ……
> 不要管他是富是貧，
> 不可鄙視他的悲慘過去，
> 尊重那些勤儉理財的人，
> 因為財神爺不會主動叩開你的大門。

　　中王國時期，教諭文學有了新的發展，內容比以前更豐富了，它不僅僅是勸戒人們樹立良好的品行，而且告誡世人要預防社會災難的發生。在動盪不安的年代，國王十分注重向繼承者傳授自己的統治經驗，垂訓後世要恰當地運用手中的權力，勇於承擔其自己的責任，做一個強悍、明智、有為的君主。《阿蒙尼姆赫特一世對其子塞索斯特里斯一世之教諭》中說道：

> 像神一樣升起來，聽我對你說的話，
> 你可以統治大地，管轄海岸，增進安寧！
> 謹防臣民小人。
> 他們的陰謀不易被發覺。
> 不要信任兄弟，不要認識朋友，
> 不要結成親密的，那是沒有價值的。
> 當你躺下時，你自己守衛你的心，
> 因為災難之時，沒有追隨你的人。
> 我施捨乞丐，
> 我撫養孤兒，我賦予貧者就像富者一樣成功，
> 但食我者起來叛逆，
> 我信賴者借此密謀策劃。

　　《杜阿烏夫之子赫琪給其子柏比的教訓》是中王國時期教諭文學另一代表作，其核心內容是教育子女要讀書識理，成為書吏，它寫道：

書吏,他的任何職位都是在京城,所以他不會貧困,(但)假如他依靠別人的智慧,則他最後不會成功。……我要使你愛書寫勝過你(自己)的母親,(這樣)我將使書寫的美點呈現在你面前。善書寫比任何(其他)職務都更偉大。在這個國度裡,沒有可與書寫比擬的。當他還(只)是一個孩童時,假如他開始有些成績,人們已經很尊重他。一旦有人派遣他出去,把事務委託給他,那麼他就不必回去穿(工匠的)圍裙了。

新王國時期,教諭文學的主旨由追求功名利祿轉向提高道德修養與人格自省,如《阿美涅莫佩教諭》中這樣寫道:

不要貪求財富,
沒有人能忽視命運;
不要胡思亂想,
每個人都有他的機會。
不要竭力求取餘財,
應滿足於你已經擁有的。
若你的財富是偷來的,
它不會同你過夜,
天明時它就會自你家中消失,
它的地方仍在,
但它已經不見。

> 大地張開口，夷平了它，吞噬了它，
>
> 使它沉入地底，
>
> 它造成一個大洞，沉入墓地，
>
> 或者它替自己造了翅膀，飛上天空。
>
> 不要因為偷來的財富而歡喜，
>
> 也不要抱怨貧窮。

在埃及文學中，有許多膾炙人口的教諭作品流傳至今，對了解當時的社會狀況與風土人情具有很重要的價值，也是我們領略埃及文明的一個不可忽略的窗口。

四、詩　歌

埃及人是一個能歌善舞的民族，古埃及的詩歌創作已經具備了真正意義上的文學價值，音節的對稱與押韻、比喻、誇張、虛擬、重疊等表現手法都得到了很好的運用。在埃及詩歌中讚美詩占了相當大的篇幅，其內容有些是讚美各種各樣生靈，有些是讚美賜福於埃及的尼羅河，有些則是歌頌國王貴族的豐功偉業。埃及人把哈皮神看作是尼羅河水的象徵，他們在《哈皮頌歌》中這樣寫道：

> 祂是恐怖和快樂之神，
>
> 祂集萬物於一身。
>
> 祂為耕牛提供食草，

為所有的神靈準備了祭品。

祂居住在冥世，

統治這天界與大地。

祂是土地之神，

祂添滿了穀倉，充實了庫房，

祂也關心窮人的命運。

中王國時期創作的《塞索斯特里斯三世頌歌》共有六首，寫在一張大紙草上，很可能是在慶典禮儀上吟唱的。詩歌利用重複、排比等藝術手法歌頌了國王塞索斯特里斯三世給埃及人帶來的光榮與繁華，其中寫道：

神多麼歡樂，

是您增添了他們的貢品！

百姓多麼歡樂，

是您保衛了他們的邊疆！

祖先多麼歡樂，

是您增添了他們的遺產！

埃及多麼歡樂，

是您維護了她的風尚。

新王國時期的讚美詩，以對太陽神的讚美最為流行，《阿蒙的頌歌》中寫道：

向阿蒙讚美，

我走向祂，崇敬祂的名字，

我對祂讚美達到天的頂點，

又超過大地的幅員，

我把祂的威力告訴南方和北方的旅行者：

你們當心祂！

您是阿蒙，無言之主，

接近貧苦之聲的神，

當我窮困時，我向你呼喚，

您來拯救我，

賦予薄命的人生命，

把我從奴役中拯救。

　　愛情詩是埃及詩歌的另一類型。愛情詩的大量出現是在新王國時期，主要保存在《切斯特·貝蒂 (Chester Beatty) 紙草》、《哈里斯 (Harris) 紙草》、《杜林 (Turin) 紙草》等文獻上。《切斯特·貝蒂紙草》以熱烈、奔放的語言描述了「哥哥」對「妹妹」的讚美、愛慕與思念之情：

無與倫比的妹妹，

眾人之中最嬌美！

她宛如升起的晨星，在幸福之年的初始。

······

筆直的頸項，光彩的乳房，

頭髮如真正的青金石、天藍石；

雙臂勝於黃金，

手指猶如蓮芽。

莊重的大腿，纖細的身腰，

而雙腳展示了她的美麗。

　　古埃及有許多情歌以樸素真摯的語言、豐富的想像力與強烈的藝術感染力來表現男女青年甘願為追求愛情而犧牲一切的可敬行為。保留在開羅博物館陶罐殘片上的兩首情歌至今仍扣人心弦，它表達了一對被洪水相隔的戀人，如何在愛情的激勵下，克服困難再次相逢：

　　我的妹妹在河的對岸，

　　河水把我倆隔斷。

　　氾濫的河水似急流猛進，

　　並有鱷魚潛伏。

　　我跳入河中，

　　無畏地踏著波浪，

　　心中無比堅強。

　　我視鱷魚如老鼠，

　　腳踏洪水如履平地。

她的愛給了我力量，
成為我的避水咒語。
我凝視著我心愛的人，
她此刻就站在我的面前。
我的妹妹來了，
我的心歡喜若狂，
我張開雙臂擁抱她，
我的心怦怦急跳，
就像那池中的紅魚。
啊，夜晚永遠屬於我，
因為我的摯愛與我同在。

除了讚美愛情之外，古埃及人還創作了許多描述勞動者生活的歌謠，如《莊稼人的歌謠》唱道：

趕快，領導的人，
快驅打那群公牛！
瞧！王爺站在那兒，
正望著我們呢！

《打穀人的歌謠》唱道：

給自己打穀，給自己打穀，

哦，公牛，給自己打穀吧！

打下麥稈來給自己當飼料，

穀子都要交給你們的主人家。

不要停下來啊，

要曉得，今天的天氣正清涼。

　　此外，散文故事也是古埃及文學的一個重要類型，它主要由書史和王宮文官編撰，其特色是語言優美，情節生動，富有傳奇色彩。一般認為，散文故事的創作開始於古王國時期，最早的作品是《韋斯特卡爾 (Westcar) 紙草》上記載的《魔術師的故事》。中王國和新王國時期是散文創作的鼎盛期，留下了很多作品，主要代表作有《遇難水手的故事》、《辛努海 (Sinuhe) 的故事》、《溫阿蒙 (Wenamun) 旅行記》等。

第四節　奇特的藝術風格

　　古埃及有著濃厚的藝術傳統，埃及藝術對古希臘藝術產生了一定的影響。古埃及留下了大批的藝術品，到目前為止，保存於開羅博物館，及其他散存於世界各地的珍寶已經超過三十萬件，主要集中在雕刻與繪畫兩個方面。其內容主要集中於刻畫祭祀神靈的場面、展現國王的形象、描述國家大事、戰爭場面以及向寺廟饋贈的物品名單等。這些藝術作品主要保存於陵墓或者廟宇裡，其主題、構造與佈局和埃及人的宗教信仰、王權神聖的觀念，以

及對永恆來世的追求密不可分。不過也有一部分作品敢於打破常規，刻畫下層人民的生產與生活狀況，表現出強烈的現實主義色彩。埃及的藝術風格形成於古王國時期，主要表現在書與畫同源；以超大的比例刻畫重要人物；講究造型藝術；注重色彩等。

　　埃及的雕刻藝術可追溯到前王國時期，雕刻材料主要有石頭、骨頭、象牙以及陶土等。到了古王國時代，雕刻藝術獲得了很大的發展，雕刻材料以石頭為主，也採用金屬、木材等。這一時期流傳下來的作品多為國王的雕像，如喬塞爾國王的石灰石座像、哈夫拉雕像、孟考拉和王后像等。這些作品純樸、逼真、端莊、典雅，盡顯王者之氣。與此同時，刻畫達官貴人與平民百姓的作品也大量出現，其中最具特色的是「村長木雕」。這尊雕像高 110

圖 28：村長木雕

圖 29：侏儒與妻子

公分，用一塊完整的木頭製成，是世界上最古老的木雕之一。主
人公卡佩爾 (Kaaper) 並不是真正的村長，據考古學家考證，他是
第五王朝時的一名官吏。西元 1860 年，在薩卡拉考古發掘現場，
當地的村民發現雕塑上的人物很像他們的村長，就不約而同地稱
之為「村長」。後來，學術界也沿用了這一稱呼。雕塑上的「村
長」圓頭闊頂，肥頭大耳，嘴唇寬厚，眼睛炯炯有神。他左臂彎
曲，手中緊握一根長杖，右手可能握著其他物品（因早已脫落，
只能看到一個圓筒狀），身體直立，給人以強壯有力、精力充沛之
感。「侏儒與妻子」是古王國末期的作品，作品讓矮小的丈夫與高
大的妻子並排而坐，並在男子的座位底下安排了兩個小孩的立像，
畫面在整體上保持了某種和諧。妻子與丈夫都洋溢著安詳、喜悅
與滿足的神情。這座雕像被認為是古埃及最幽默的藝術品。

　　中王國時期的雕刻基本上保留了古王國時期的風格，所不同
的是群體木雕更為普遍，並且更注重對面部表情進行細膩的刻畫，
尤其是關於國王的雕塑更加活潑、生動，不再把國王僅僅當作生
靈與權威的象徵，而是傾向於從人的角度展現國王的氣質。新王
國時期，埃及的雕刻藝術進一步成熟，作品富麗多彩，幽雅精緻，
更注意反映人物的個性特徵。例如，圖特摩斯三世的雕像面帶微
笑，英俊瀟灑；涅菲爾提提女王則是面目清秀，文靜端莊。

　　古埃及人在浮雕藝術上也有很突出的成就。浮雕分為凸雕(陽
刻)和凹雕（陰刻）兩種。凸雕時，把圖像輪廓的四周鏟平或者
削出一定的深度，使圖像浮現出來；凹雕刻出圖像的輪廓，並使
之凹入牆面。浮雕多刻在墳墓的牆壁和棺材上，有時也刻在紀念

圖 30：涅菲爾提提女王頭像

物、雕像、調色板或其他物品上。其內容有的是反映宗教主題；
有的是描述田園生活的場景；有的是展示豐收的喜悅；也有的是
刻畫琴師、歌手、舞女等千姿百態的人物形象。新王國時期，浮
雕主要刻在神廟的牆壁上，用龐大的氣勢和圓潤細膩的風格反映
王室生活的點點滴滴，尤其是刻畫國王遠征而歸的凱旋場面，及
周圍鄰國稱臣納貢的情景。在盧克索神廟及卡納克神廟的塔門、
立柱及牆壁上都可以看到栩栩如生的浮雕作品。

　　早期埃及的繪畫與浮雕很難區分，真正的繪畫興起於中王國
時期。繪畫原料主要來自礦物，如木炭、赤鐵礦、石灰或石膏等。
開始只使用單色，後來學會用水、蠟或膠來調色。畫筆主要由蘆
葦稈的末端製作。保存下來的壁畫主要是墓室壁畫，其目的是為
死者而作，題材除了陰間冥世的內容之外，還包括狩獵、歌舞、

宴會、巡遊、出征、耕耘、釀酒、造船等方方面面。古王國時期
繪畫藝術的代表作當數「美杜姆的六鵝圖」，它被發現於美杜姆地
區第四王朝一位王后的墓室牆壁上。畫面上的六隻鵝與日常生活
中的鵝的尺寸相當，但都具有不同的顏色及外形特徵。三隻向左，
三隻向右，每組中的第一隻鵝低頭覓食，後兩隻則隨步向前，神
態悠然自得。

　　新王國時期繪畫藝術達到了頂峰，人們已經非常熟練地使用
色彩。除了墓室壁畫之外，紙草紙畫、地板畫、器物飾畫、布帛
畫、木版畫等相繼出現。在拉美西斯時代，埃及還創作了畫片，
即在石灰岩碎片或陶片上作畫，但藝術價值最高的仍然是墓室壁

圖31：女樂師畫

畫，尤其是第十八王朝
時期貴族墓葬中保存
有許多精品。例如納赫
特（Nakht，一說為阿
蒙霍特普三世的祭司）
墓室壁畫裡有非常著
名的「女樂師畫」，圖
上的三位女樂師一位
彈豎琴，一位抱琵琶，
一位吹雙笛，三人竊竊
私語，眉目傳神，尤其
是柔和的手臂與靈巧
的手指格外引人注目。

三位樂師中中間一位裸體，其他兩位則穿著白色透明的衣料，隱隱約約地流露出女性的線條美。另外，阿瑪爾那王宮遺址上發現了一幅「小公主」壁畫，這幅彩色壁畫刻畫的是埃赫那吞的兩個小女兒在宮中玩耍嬉戲的情景：兩人同坐在一個墊子上，眼睛炯炯有神，妹妹扭頭用小手掌托起姐姐的下巴，一副天真爛漫、歡欣愉快的表情。阿瑪爾那王宮的牆壁和地板上布滿了以草木、動物以及尼羅河為主題的繪畫，畫面逼真，自然優美。

　　除了雕刻與繪畫之外，古埃及的工藝美術也很發達，王朝時期出土的一些殉葬品如面罩、金棺、雪花石膏器皿等都反映出很高的生產工藝。

第五節　豐富的科學知識

　　古埃及人在長期的生產與生活實踐中，認識自然的能力不斷提高，所掌握的科學知識也越來越豐富，尤其在醫學、天文學、數學等方面表現突出。沒有豐富的科學知識，就不會有雄偉壯觀的金字塔、富麗堂皇的神廟、千姿百態的藝術精品，更不會有流傳千古的埃及文明。

一、醫學成就與木乃伊的製作

　　古埃及人的醫術享譽地中海世界，在許多希臘、羅馬作家們的筆下都多次稱讚埃及醫術，例如希羅多德寫道：「在他們那裡，醫術的分工是很細的，每一個醫生只治一種病，不治太多種的病。

國內的醫生非常多，有治眼的，有治牙的，還有治肚子的。」他還提到波斯國王居魯士（西元前 558～529 年在位）也曾專門派遣使者聘請埃及的眼科醫生到波斯執業。早期的醫生與巫師很難區分，醫生往往由僧侶來擔任。到了古王國時期現代意義上的醫生開始出現了，並產生了早期的醫學文獻。新王國時代，醫學已經相當發達，有一些專門化的醫學文獻如《心臟書》、《眼疾書》等以紙草卷的形式流傳下來。在數量豐富的醫學紙草卷中，《史密斯紙草》和《埃伯斯紙草》最有價值。據考證，《史密斯紙草》大約寫於西元前 1700 年左右，1862 年由美國學者埃德溫·史密斯發現於盧比索而得名。《史密斯紙草》是外科病理學專科書，詳細記載了四十八種外科病理的症狀、診斷以及治療的具體方案。《埃伯斯紙草》約成書於西元前 1550 年，是埃及最長的醫學紙草卷，總長度是 20.23 公尺。它也發現於盧比索，1873 年被德國的埃及學家喬治·埃伯斯所購買而得名。《埃伯斯紙草》正文有一百一十個欄目，主要內容是摘錄各種疾病的症狀及治療的藥方（包括藥名、劑量及服用方法），並收集了大量的民間偏方及巫師處方。《埃伯斯紙草》對心血管疾病、胃病等有所涉獵，特別可貴的是有一段專門論述心臟的運動及功能，認為是心臟發出的二十二條脈管來主宰人的生命，脈管從心臟出發通過人體的各處。當醫生接觸到人的頭、後腦、手、手掌、腳等部位時，都會感覺到心臟的存在，所以心臟不僅是人體最重要的器官，而且是生命之源、智慧之本。1889 年，在下埃及法尤姆地區的拉洪發現了《拉洪紙草》，此外，還有《柏林紙草》、《倫敦紙草》、《赫那斯紙草》等。

　　古埃及人已經掌握了非常豐富的藥學知識，他們能夠從動物、植物和礦物（如錳、鋁、銅、碳酸鈉等）中提取有效成分，製作各種藥品。他們不僅把鹿茸、龜板、獸皮、蹄骨等作為藥材，而且還用蜂蜜、小茴香、蓖麻油、植物根、葡萄酒、酵母、棗、蔥、蒜、蘆薈、紅花等醫治各種疾病，單單《埃伯斯紙草》中所提到的藥物品名就達七百種之多。埃及人製作的藥品有粉末狀、膏狀、液體狀等多種形式。

　　木乃伊的製作是古埃及醫學的又一成就，說明他們不僅僅了解了人與動物的器官構造，而且掌握了很豐富的解剖學知識與防腐技術。木乃伊是阿拉伯語的音譯，意思為「乾屍」，包括動物的木乃伊及人的木乃伊。埃及人為他們所崇拜的動物如猴子、貓、公牛、鱷魚以及一些鳥類等製作成木乃伊。製作人體木乃伊是古埃及人特有的風俗習慣，與其來世觀念密切相關，黑格爾曾說：「埃及人是首先說出人類靈魂不朽這個思想的人。」在他們看來，只有保存了完整的屍體，並且要把人的心臟留在體內，靈魂才會復歸，才能得到永恆的來世。埃及對木乃伊的製作大約開始於西元前 2600 年左右，即古王國的第四時期，一直延續到西元四世紀。木乃伊的製作一般要由訓練有素的專門人員來處理，基本上要經過以下幾個步驟：第一，把屍體放入乾燥的泡鹼裡，使之脫水，防止細菌繁殖；第二，用銅製的匙狀長勺，從死者的鼻孔挖出腦漿，把藥物灌入腦部進行清洗；第三，開腹，除了留下心和腎臟之外，把肺、胃、腸等器官取出，體內用椰子酒和香料清洗乾淨，填入樹脂、亞麻布或木屑，再把屍體縫合好。從體內取出

的內臟用棕櫚酒浸泡後，要存放在四種特製的陶罐裡，與木乃伊一起下葬；第四，把處理過的屍體再放入泡鹼裡，大約四十天左右，取出填充物，改填泡鹼、鋸末、沒藥、桂皮等，同時把處理過的心臟放入，再小心縫合解剖刀口；第五，全身塗上一層油脂香料，用亞麻布把全身各個部位包裹好，使其與脫水前的形狀相似，並戴上戒指、項鍊等各種裝飾物，法老的木乃伊還要套上刻著生前容貌的金面具。最後，在外面塗以樹脂。整個過程需要經過七十天左右的時間。木乃伊的製作需要花費大量的錢財，一般的平民百姓負擔不起，往往只使用簡單的方法清理內臟、浸泡消毒、並塗上廉價的防腐材料就行了。新王國時期的墓室壁畫上就詳細地描述製作木乃伊的情景與步驟。

　　目前，人們已經發現了數百具古埃及的木乃伊。西元 1881 年，在戴爾巴哈利 (Deir el-Bahri) 的一處懸崖洞穴裡發現了四十具保存完好的法老木乃伊，包括了許多名垂史冊的人物如雅赫摩斯一世、圖特摩斯三世、拉美西斯二世等。時至今日，仍然不時地有發現木乃伊的消息傳出。1999 年，考古學家在基澤高地的一座不知名的金字塔裡發現了一具距今約四千五百－四千六百年保存完好的木乃伊，棺材上刻有「卞伊」字樣的象形文字，由此推測，墓主可能屬於卞伊家族。木乃伊對人類學、醫學及社會學研究都具有很高的學術價值。目前，有很多木乃伊已在埃及、英國、法國、德國、瑞士等地的博物館展出，吸引了成千上萬的學者與遊客。

二、天文學

　　古埃及的天文學很可能起源於史前時期，那時他們已經注意到了河水的漲落與天體變化之間有一定的關聯。所以馬克思曾經說過「計算尼羅河水漲落期的需要，產生了埃及的天文學」。埃及人很早就開始觀測太陽、月亮的週期性變化，注意到了木星、金星、火星、土星的運行規律，不僅給星體命名，也開始繪製星座圖。故埃及人觀測星座的目的是為了找出吉凶禍福的徵兆。法老時代以來，埃及人的天文觀測與神廟、金字塔的建造以及宗教節日的確定一直都相伴隨。埃及最早的天文觀測者就是僧侶人員，最早的天文臺就是神廟。迄今為止，最早的星座圖被發現於第十二王朝的墓穴裡。現存還有第十九王朝、第二十王朝的星座圖，一般都刻在神廟、墓室的天花板上，也有刻在棺蓋上。從已經發現的星座圖上可以看出，新王國時期的埃及人至少已經知道了四十三個星座及其位置，包括大熊星座、天鵝星座、獵戶星座、牧人星座、天龍座、白羊座、天蠍座等等。在觀測星象的基礎上，埃及人確立了自己的曆法，這是世界上最古老、也是比較精確的曆法。

　　古埃及曆法最初使用陰曆，後來改用陽曆。他們發現每年陽曆的 6 月 15 日（古埃及曆為 7 月 19 日），尼羅河三角洲地區的河水上漲與太陽、天狼星在地平線上升起同時發生，於是就把這種現象發生的區間定為一年，一年分十二個月，一個月三十天，年末另加五天節日，一年共三百六十五天。埃及人根據河水起落與

農作物的生長變化，把一年分為三季，每季四個月，第一個季節叫阿赫特，是尼羅河水氾濫期（7–10月）；第二個季節叫佩雷特，是作物播種與生長的季節（11–2月）；第三個季節叫夏矛，即夏季（3–6月），是莊稼成熟的季節。古埃及人還把每天定成二十四個小時，白晝和夜晚各十二個小時，並且觀察到了區分白晝分界的子午線。埃及人在西元前十六世紀設計了一種測定時間的水鐘。他們把水裝在一個底部有小孔的容器裡，容器上面有刻度。使用時，把水裝到一定位置，水就會慢慢滴出，然後，根據水平面相對應的刻度來確定時間。這種水鐘後來被希臘人改進為漏壺。據說，水鐘的發明人是第十八王朝的阿蒙葉姆赫特，在一份紙草文獻中記載了當時的情況：

> 我發覺夜的長度逐月減少……便做了一個計算一年的「梅爾希脫」（即測定儀器）。聲威遠播的上下埃及之王阿蒙霍特普一世喜愛梅爾希脫超過了所有別的東西。這個儀器對一年中的每一天都是正確的。在以前就沒有做出過這樣的東西……每點鐘都按時來臨。水從一個孔裡流出來。

在白天，埃及人還根據陽光的影子來測定時間，並發明了簡單的測定儀器「影鐘」（相當於中國古代的日晷）。除了日、月、時、季之外，埃及人還有了三十年、六十年、一百二十年、十萬年、百萬年、千萬年以及永恆的概念。

三、數學知識

　　埃及人對數學的興趣產生得很早，大概與象形文字同時或者更早一些，他們就已經有了數的概念。後人發現了許多古埃及有關數學的紙草文獻，其中最主要的有《莫斯科紙草》和《萊茵德紙草》兩種。《莫斯科紙草》成於西元前 1850 年前後，屬於中王國時期的文獻，它長 544 公分，寬 8 公分。西元 1893 年，為俄國學者所發現，1912 年歸屬莫斯科美術博物館，所以被稱為《莫斯科紙草》，紙草卷上一共涉獵了二十五個數學問題及其解答。《萊茵德紙草》的成文年代大約在西元前 1700 年前後，為西克索人統治時期的文獻，1858 年，被英國收藏家亨利‧萊茵德發現而得名，因作者是阿赫摩斯，所以又叫《阿赫摩斯紙草》。它長 550 公分，寬 33 公分，內容被命名為「闡明對象中一切黑暗的、祕密的事物的指南」，現存大英博物館。在《萊茵德紙草》的開頭作者稱數學為「獲得一切奧秘的指南」，說明埃及人對數學的高度重視。紙草分為算術、幾何、雜題三部分，共涉獵了八十五個數學問題及其解答。從這些文獻中可以看出，埃及人的數學知識包括算術、代數、幾何三大門類，他們有一整套的數字符號，包括分數的符號，他們採用十進位制，已學會了基本的加、減運算，能解一元二次方程，但由於沒有位值制，表述長的數字需要很多符號。另外，幾何學可以說是埃及人的發明，對土地面積的計算、預測存糧以及建築用料等需求，都促進了幾何學的發展。希羅多德認為，由於埃及法老把土地分給農民，他們每年都要測算土地損失的情

況以及租金的多少，這樣，就促成了幾何學的誕生，並且後來被希臘人所繼承、發展。因此，幾何學一詞的原意就是「土地測量」。埃及人在幾何方面的最大成就就是計算出圓周率值為3.1605，已經接近於後世人算出的圓周率。他們還學會了計算三角形、梯形、矩形和圓形的面積。

埃及人還有了比較完善的度量衡單位，包括長度單位、容量單位及重量單位。已經開始使用天平和形狀不一的砝碼，尤其是新王國後期，製作天平的技術有了很大的提高，砝碼的精確度也越來越高。

第 II 篇

外來勢力的統治

帝國餘暉：
穆斯林時代的埃及

第一節　哈里發的直接統治

　　阿拉伯人入侵埃及之後，阿拉伯文化與埃及文化的交往與融合便開始了。伊斯蘭教在埃及廣泛傳播開來，埃及逐漸成為阿拉伯世界中不可分割的一部分，埃及人也就成了阿拉伯民族大家庭中的重要一員。穆斯林時代的埃及政治、經濟、文化也都有了一定的發展。

　　西元 640 年，當阿慕爾奉哈里發歐麥爾（Umar，西元 584～644 年）之命占領埃及之後，埃及便成為阿拉伯帝國的一個行省，在四大哈里發王朝、倭馬亞王朝及阿拔斯王朝前期的約兩個半世紀裡（西元 642～868 年），埃及處於哈里發的直接統治之下。當時，阿慕爾被任命為第一任總督，他先後擔任了兩任總督（西元 642～644 年、658～663 年）。阿拉伯人入主埃及後，採取了比較寬容的統治政策：尊重當地的風俗習慣，允許他們信仰自由；在

鄉村設立「地方議會」，任用本地人充當地方官吏；保護亞歷山大
里亞的文物；重修埃及通往紅海的運河，發展埃及的交通運輸業；
把土地分給埃及農民耕種，並徵收較輕的「人丁稅」（兒童、老
人、婦女、教師、僧侶可以免繳）、「土地稅」；大力興修水利，建
造橋樑，尤其注重利用尼羅河的水力資源；以埃及為陣地，積極
組建海軍，修建海港和造船廠，向地中海和拜占廷擴張等等。

　　正是在這種寬鬆的社會氛圍中，埃及人迅速地阿拉伯化，主
要表現在以下兩方面：第一，廣泛地接受阿拉伯語。西元七世紀
以前，埃及人說多種語言，有身分的人一般講希臘語；識字的或
有宗教信仰的普通百姓講埃及語與希臘語混合而成的科普特語；
目不識丁的下層人講各種方言。阿拉伯人到來之後，人們以講阿
拉伯語為身分與地位的象徵，希臘語失去其官方語言的地位，科
普特語僅僅在教堂和修道院中使用，阿拉伯語成為埃及最常用的
語言；第二，廣泛地接受伊斯蘭教信仰。隨著阿拉伯語的推廣和
大批阿拉伯移民的進入，伊斯蘭教在埃及迅速傳播。九世紀的時
候，穆斯林人口在下埃及已占多數。十世紀以後，埃及成為穆斯
林世界的文化中心，吸引了東西方各地的學者。

　　當然，阿拉伯人的「寬容」也僅僅是相對於羅馬統治者而言，
征服者與被征服者的矛盾一直存在著。西元八世紀的時候，隨著
帝國內部政局的變化，埃及的局勢也越來越動盪，阿拉伯的貴族、
軍人和官吏趁機敲詐勒索，阿拉伯語也被武斷地宣布為國家正式
語言，這一切無不激起埃及人的反感。科普特人首先起義，趕走
政府軍，進占糧倉，勢力遍及尼羅河三角洲地區。九世紀以後，

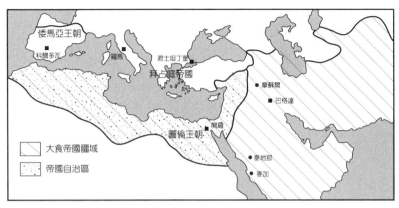

圖 32：圖倫王朝統治時的形勢

埃及人民反對帝國統治的鬥爭更為強烈，農民及城市中的貧民積極參與。與此同時，建立在軍事征服基礎上的阿拉伯帝國，因缺乏統一的經濟基礎與政治和諧而出現了種種分裂的跡象，巴格達的哈里發已經不能駕馭全國，隨著亞洲地區獨立王朝的相繼出現，從九世紀下半葉開始，埃及也脫離阿拔斯王朝的直接統治。從九世紀中葉到十六世紀初的六百多年裡，先後有五個王朝在埃及建立，它們分別是：圖倫王朝 (Tulunid Dynasty)、伊赫什德王朝、法蒂瑪王朝 (Fatimid Caliphate)、阿尤卜王朝 (Ayyubid dynasty) 和馬木魯克王朝 (Mamluk Sultanate)。「這些王朝的奠基人都不是土生土長的埃及人，而是突厥人、阿拉伯人或庫德人，但他們都和埃及產生了聯繫，把自己的命運和希望寄予埃及，在這裡建立起獨立或半獨立的王朝。」

第二節　半獨立王朝的出現

一、圖倫王朝（西元 868～905 年）

圖倫又譯為「土倫」或「突倫」，該王朝是尼羅河流域產生的第一個名義上隸屬於巴格達，但事實上已呈獨立狀況的王朝。王朝的創立者是艾哈邁德‧伊本‧圖倫（Ahmad ibn Tulum，西元868～884 年在位），他生長於巴格達，自幼受過良好的教育，西元 868 年時以省長助理的身分被派到埃及，不久升任省長。他暗自擴展勢力，建立軍隊，並總攬一切大權。伊本‧圖倫採取了一系列富國強民的措施，例如興修水利，鼓勵農業，活躍市場，使工業、農業、商業都得到了一定的發展。伊本‧圖倫還建立了一支強大的軍隊，不斷擴充疆域，並於 877 年占領了敘利亞。伊本‧圖倫在位十六年，埃及雖然沒有完全擺脫帝國的控制，但在政治、經濟、軍事、文化方面都有了很大的發展，他的安撫政策得到了突厥人、科普特人和阿拉伯人一致的擁護。

伊本‧圖倫大興土木，另建新都，廣造宮殿、廟宇。他在位時所修建的伊本‧圖倫大清真寺耗資十二萬第納爾，宏偉壯觀，至今仍屹立於開羅西南郊。不料伊本‧圖倫死後，繼承省長職位的胡馬賴韋（伊本‧圖倫之子，西元 884～895 年在位）窮兵黷武，揮霍無度。他為自己修建的宮殿以金箔貼牆，豪華程度令人驚歎。他讓女兒與新任哈里發結婚，嫁妝包括四百條鑲著金珠的

圖 33：伊本・圖倫大清真寺

玉帶，十箱珠寶，十塊金磚，而且在從埃及到巴格達的長遠旅途
上都修建驛站，供新娘歇息。胡馬賴韋的統治，引起了普遍不滿，
895 年，他被侍衛殺死。此後，埃及政局動盪不安，暴動四起。
905 年，哈里發派軍隊到達埃及，搗毀了新都，結束了圖倫王朝
的統治。

二、伊赫什德王朝（西元 935～969 年）

　　圖倫王朝滅亡後，埃及曾一度回到了阿拔斯王朝的統治之下，
隸屬於巴格達中央政府的直接管理。但是，政局十分不穩，軍人、

官吏相互傾軋,內亂時常發生,並受到崛起於北非的法蒂瑪人的不斷騷擾,哈里發急需一位強硬派人物來收拾殘局。在此背景下,突厥將領穆罕默德‧伊本‧突格吉被任命為埃及總督 (西元935～946年在位)。伊本‧突格吉平息內亂,外抗強敵,深得哈里發的賞識。西元939年,阿拔斯王朝哈里發把古代波斯國王的高貴稱號「伊赫什德」(Ighshid) 賜封給他,從此伊本‧突格吉聲望大振。他和他的繼承者在埃及割地稱雄,完全控制了上下埃及的局面,建立了伊赫什德王朝。伊本‧突格吉擁有一支強有力的軍隊,把埃及的勢力擴大到阿拉伯半島。他進軍漢志地區,攻占了麥加和麥地那,並把大馬士革、巴勒斯坦、約旦、葉門等地也納入埃及的版圖之下,成為阿拉伯世界最有權勢的人物,甚至連哈里發也敬畏他幾分。然而,伊本‧突格吉死後並沒有合適的繼承人,年幼無知的兒子只是名義上的統治者,致使大權旁落,王朝衰微。結果,法蒂瑪王朝輕而易舉地占領了埃及。

從圖倫王朝建立到伊赫什德王朝滅亡的這一個世紀,是埃及由阿拉伯帝國的行省轉變為獨立國家的過渡時期。在這個時期,埃及雖然在政治、經濟、軍事等各個方面獨立行事,但仍然是阿拉伯帝國的一個行省,承認巴格達哈里發的宗主地位。法蒂瑪王朝的建立,標誌著埃及已經成為一個完全獨立的國家。

第三節　法蒂瑪時代的繁榮（西元 909～1171 年）

法蒂瑪王朝的建立是伊斯蘭教什葉派的一大勝利。法蒂瑪王

朝的歷史與艾卜‧阿卜杜拉‧侯賽因的名字密不可分。艾卜‧阿卜杜拉‧侯賽因是著名的伊斯蘭學者，出身於葉門，先後在葉門、麥加等地活動，大約西元 900 年前後來到北非，在柏柏爾人中秘密傳教，鼓動他們放棄遜尼派，改信什葉派，並極力主張推翻現存的秩序，建立公平合理的社會。經過三年的努力，他網羅了大批信徒，並組成了一支強大的武裝力量，在馬格里布地區產生了廣泛的影響。907 年，伊斯蘭教伊司馬儀派首領艾卜‧歐貝德拉也喬裝成商人秘密來到北非。908 年，艾卜‧阿卜杜拉‧侯賽因領導信仰伊司馬儀派的柏柏爾人起義，推翻了遜尼派的阿格拉布王朝。起義者並在拉蓋達擁立艾卜‧歐貝德拉出任哈里發（西元909～934 年在位），建立了法蒂瑪王朝，首都從拉蓋達遷到麥赫迪城。法蒂瑪王朝公開否認信仰遜尼派的巴格達哈里發的統治，反對阿拔斯王朝的宗教與政治地位，自稱是穆斯林世界中唯一符合伊斯蘭法的政權。

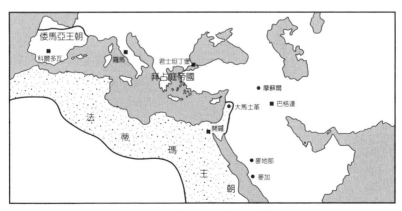

圖 34：法蒂瑪王朝疆域圖

　　法蒂瑪王朝一開始就決心把王朝建立在埃及的土地上，因為埃及位於伊斯蘭世界的重心，如果占領了埃及，很容易控制麥加、麥地那、大馬士革、巴格達等伊斯蘭教中心。法蒂瑪王朝曾於西元 913 年、919 年、933 年三次進攻埃及，但均以失敗告終。第四任哈里發穆伊茲（西元 952～975 年在位）當政後，法蒂瑪王朝國力強盛，在占領了直到大西洋沿岸的整個馬格里布地區之後，969 年，哈里發派遣了智勇雙全的西西里人昭海爾，帶領十萬大軍進軍埃及。為了籠絡人心，昭海爾提出了一系列安撫天下的措施，例如允許信仰自由、保證居民安全等。此時的埃及國力衰敗，政府無能，再加上連年的瘟疫與饑荒，確實民不聊生，這一切都為昭海爾創造了極好的機會。結果他順利地擊敗了伊赫什德王朝的軍隊，迫使埃及投降。伊赫什德王朝所屬領土包括埃及、敘利亞、巴勒斯坦和阿拉伯半島西部，自此之後都歸於法蒂瑪王朝。為了建立一個以埃及為中心的大帝國，昭海爾開始興建包括弗斯塔特舊城區在內的新都，取名曼蘇利亞，971 年，新都建成。972 年，昭海爾開始在新都修建愛資哈爾大清真寺，作為宣傳伊司馬儀派教義的主要場所。後來，愛資哈爾大清真寺被改為禮拜寺兼宗教學院，發展為伊斯蘭大學，即愛資哈爾大學，是世界上最古老的學府。973 年 5 月，哈里發穆伊茲從北非麥赫迪城出發，浩浩蕩蕩地遷入新都，把曼蘇利亞改名為葛希賴（阿拉伯語中「戰勝者」一詞的音譯，威尼斯人稱之為開羅）。從此以後，埃及成為法蒂瑪王朝的統治中心。

　　法蒂瑪王朝統治時期，國力強盛，版圖東起敘利亞、巴勒斯

圖 35：愛資哈爾大清真寺

坦和葉門，西至摩洛哥。法蒂瑪王朝與巴格達的阿拔斯王朝以及
科爾多瓦的倭馬亞王朝形成三足鼎立之勢，尤其是阿齊茲哈里發
在位時（西元 975～996 年），法蒂瑪王朝不僅在幅員上超過了阿
拔斯王朝，在影響力上也超過了其他兩強。波斯旅行家那綏里‧
庫斯魯（西元 1013～1060 年）於西元 1046 和 1049 年之間訪問了
開羅之後，非常興奮地寫道：「開羅的哈里發宮廷居住有三萬人，
其中包括一萬二千名雜役婢女，每天夜裡的守衛由一千名騎兵和
步兵組成；尼羅河上停泊著七艘專供哈里發使用的遊船；哈里發
在開羅擁有二萬個商店和二萬間房屋。開羅有許多花園，主要街
道都修有涼棚以及非常豪華的『燈市』；阿齊茲曾花費了二百萬第
納爾建造一處宮殿，準備在征服巴格達之後，作為安頓皇親貴族
之用。」

　　法蒂瑪王朝的政治制度與阿拔斯王朝極為相似，哈里發集政權與神權於一身。國家官吏主要為阿拉伯人、柏柏爾人，當然也任命了不少猶太人和埃及土著居民科普特人。國家直接控制土地，或者雇用農民耕種，或者出租給地方貴族經營，租期為三十年。法蒂瑪王朝重視農業生產，在尼羅河流域興建水利設施，整修堤壩、運河與渠道，擴大了耕地面積。另外，法蒂瑪王朝時期手工業極為發達，埃及生產的青銅藝術品、陶器、玻璃製品、木版藝術品等遠銷東西方各地，其紡織技術與水平更是領先全世界，許多歷史學家都談到法蒂瑪王朝時的埃及為麥加紡織絨罩的情形，以及「錦衣節」的盛況：

　　　　在北非時代，法蒂瑪人早就重視與兩聖地──麥加與麥地那的關係。哈里發穆伊茲進入埃及後，下令織造廠每年織造卡爾白（天房）絨罩，送往卡爾白更新換舊。根據天房的模式，絨罩為方形，用紅絨織成；寬一百四十肘尺，周邊織成十二個新月，並以紅、黃、藍三色寶石鑲嵌；又用名貴的綠寶石鑲織卡爾白上的《可蘭經》經文。另外，穆伊茲還命令織造廠為高級朝臣編織不同級別的服飾。後來，歷代哈里發仿效穆伊茲，極為重視織造業，撥給大量經費，由宮廷派專職人員主管，織造出各種不同式樣的宮服。從王公大臣到宮廷隨從，都有不同的服飾。每逢開齋節大典，哈里發將各色錦衣賜給大臣、親信與貴族。因此，開齋節又稱為「錦衣節」。這是法蒂瑪王朝時代最隆重、最莊嚴的

國家大典之一。在其他節日亦同樣有頒賜錦衣的活動，只
是規模不同而已。因此，製造錦衣的織造廠成為政府高級
部門之一。

當時，埃及的對外貿易十分頻繁，他們一直從事歐洲與印度
洋地區的轉運業務，主要從歐洲進口布匹、毛皮、木材、金屬、
武器等物品，從印度洋地區進口香料、染料及一些奢侈品。在埃
及還發現了大量的中國瓷器，學者們普遍認為埃及的陶瓷工藝深
受中國的影響。法蒂瑪王朝時期，在開羅附近的尼羅河道上，商
船雲集，直接隸屬於哈里發的造船廠就設在這裡。

法蒂瑪王朝時期，埃及的學術研究之風極為興盛。西元 990
年，阿齊茲哈里發在愛資哈爾大清真寺附近建立了一所教律家學
會，定期召開研討會，並收集大量的宗教經典。阿齊茲的兒子哈
基木在位時（西元 996～1021 年），於 1010 年創建科學館，設立
專門基金。科學館實際上是一所大學，除了開設有關宣傳什葉派
教義與教律的學科外，還研究天文學、醫學、阿拉伯語法學等。
這一時期，埃及出現了許多傑出的詩人、史學家，留下了許多珍
貴的作品如《埃及歷代大臣》、《歐瑪尼‧葉門尼詩選》、《埃及法
官傳》、《埃及史》等。

法蒂瑪王朝時期，埃及的建築藝術達到了新的階段，尤其是
清真寺建築更加富麗堂皇。無論是愛資哈爾大清真寺、西元 990
年至 1003 年落成的阿爾－哈基姆清真寺，還是 1125 年建立的阿
爾－阿克馬清真寺都表現出對外來藝術的接納與吸收。「所有這些

（清真寺）都清楚地表明，穆斯林們從東方和西方借鑑而來的種種不同的建築成分，如何被融化在一種調和的埃及風格之中，這種風格因它優美的線條、木頭與石頭和大理石上的精巧裝飾以及雕刻之美而聞名。」

　　法蒂瑪王朝的後期，多為年幼無知或軟弱無能的哈里發執政，中央政權衰落，大臣與雇傭軍爭權奪利，宮廷陰謀不斷，紛爭四起，地方形成割據勢力，威脅國家安寧，尤其是哈里發哈基木所推行的宗教壓迫政策，更使國家政治雪上加霜。法蒂瑪王朝的前期，政府對各民族一直奉行懷柔政策，各個民族基本上和睦相處，猶太教、基督教都得到尊重與發展。然而，哈基木上臺後，公開歧視猶太人和基督徒，要求他們必須穿黑色服裝以別於穆斯林；他們只能騎驢不得騎馬；拆毀基督教堂與猶太人的會堂；限制猶太人的商業經營等。哈基木極力神化自己，自稱他是死後復生的「活主」，是阿拉的化身。哈基木上述的政策加劇了法蒂瑪王朝的社會矛盾，加上柏柏爾軍團、突厥軍團及蘇丹軍團之間互相爭鬥，政府無能為力，對敘利亞、巴勒斯坦的控制也越來越鬆弛，法蒂瑪王朝在地中海地區漸漸失去優勢。穆斯坦綏爾當政（西元1035～1094年）的六十年間，國家曾一度復興，社會經濟得以發展。但好景不常，1054年起，埃及發生大饑荒，連續七年尼羅河水枯竭，寸草不生，餓殍遍野。西元1068～1072年，又發生了大瘟疫，全家死絕的情景隨處可見。與此同時，塞爾柱突厥人進占敘利亞、巴勒斯坦和小亞細亞一帶，對法蒂瑪王朝構成了很大的威脅。穆斯坦綏爾死後，國家急劇衰落，十字軍東征更使法蒂瑪

王朝陷於絕境，埃及本土也被薩拉丁所征服。

第四節　薩拉丁與阿尤卜王朝（西元 1171～1250 年）

　　西元 1153 年，十字軍在占領阿斯克倫之後，沿地中海向埃及挺進。軟弱無能的法蒂瑪王朝向敘利亞北部和伊拉克北部的塞爾柱突厥人張紀王朝求救。1164 年，張紀王朝派遣庫德族將領希爾庫率兵八千人進入埃及，擊退了十字軍的進攻。1169 年，法蒂瑪王朝任命希爾庫為掌管軍政要務的大臣維西爾，希爾庫死後，其侄子薩拉丁 (Salah-al-din) 繼任維西爾。薩拉丁（西元 1138～1192 年）是著名的反十字軍英雄，1164 年，曾跟隨叔父希爾庫出征埃及。薩拉丁擔任埃及宰相之後，就千方百計安插親信，擴充自己的勢力，立志建立一個以本家族為中心的獨立王國。由於薩拉丁英勇善戰，多次打敗外來勢力，所以也得到了埃及臣民的擁護。1171 年，薩拉丁下令在穆斯林的星期五聚禮中取消對法蒂瑪王朝哈里發的祝福，改成對阿拔斯王朝哈里發的祝福，這標誌著伊司馬儀派在埃及的衰落。1175 年，他沿用當時穆斯林統治者向哈里發討封的慣例，要求阿拔斯王朝授予他蘇丹稱號，阿拔斯王朝承認了薩拉丁在埃及、敘利亞、巴勒斯坦、阿拉伯半島西部、以及馬格里布和努比亞的統治，這樣以薩拉丁自己的阿尤卜家族為核心的阿尤卜王朝最終建立。1185 年，薩拉丁占領摩蘇爾，平定美索不達米亞，並把勢力向兩河流域的上游擴展。

　　阿尤卜王朝的統治基礎是突厥軍事貴族，並把西亞地區塞爾

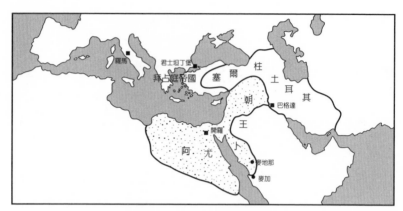

圖 36：阿尤卜王朝疆域圖

柱突厥人的統治制度引入埃及，軍隊主要以分封土地的方式來維持。薩拉丁大力發展交通業，鼓勵農業生產，積極保護伊斯蘭文物，並招賢納士，獎勵對教義學的研究。他不僅擴展了愛資哈爾大學，而且也鼓勵在大馬士革、耶路撒冷、開羅、亞歷山大里亞等地的清真寺裡開展學術研究。薩拉丁一生為政清廉，體恤百姓，深得人民的擁護。

在抗擊十字軍的侵略方面，薩拉丁功勳卓著。他曾修建了許多防禦工事，建於西元 1183 年的薩拉丁城堡成為阿尤卜王朝永久性的建築物，至今仍屹立在開羅城郊的穆蓋塔木山上。1187 年，薩拉丁率六萬大軍從埃及進入巴勒斯坦，在加利利湖附近的赫澱與十字軍交戰，薩拉丁身先士卒，英勇作戰，結果大獲全勝，一舉消滅了地中海東岸的十字軍精銳力量。接著，薩拉丁的軍隊又占領了貝魯特、西頓、雅法等地，順利地收復了被十字軍強占了

八十八年的聖城——耶路撒冷，此後又收復了巴勒斯坦、敘利亞
的大部分領土，曾一度咄咄逼人的耶路撒冷王國也壽終正寢了。
薩拉丁的勝利，在基督教世界引起了極大的震撼，並引發了第三
次十字軍東征。1191 年，十字軍在攻克阿克後，實際上已經無力
繼續作戰，便向薩拉丁表示了求和之意。雙方締結了為期三年的
和約，其內容主要有：第一，耶路撒冷聖地仍由穆斯林管理，基
督教的朝聖權要受到保護；第二，穆斯林要把所有的基督教遺物，
包括十字架在內返還給基督教會；第三，十字軍保留從提爾到雅
法的沿海地帶。

　　西元 1193 年，威名遠揚的薩拉丁病逝於大馬士革，阿尤卜王
朝也隨之衰落。薩拉丁的後繼者爭權奪利，使國家陷於分裂。薩
拉丁的弟弟阿迪勒占據兩河流域上游的部分地區；長子馬立克占

圖 37：薩拉丁城堡

據大馬士革和敘利亞南部；次子阿齊茲占據開羅和埃及本土；三子札希爾占據阿勒坡和敘利亞北部。阿迪勒經過多年征戰，曾一度恢復了阿尤卜王朝的統一局面，但他於 1218 年死後，國家再次分裂，十字軍趁機發起進攻，攻入埃及本土，貝魯特、耶路撒冷等地相繼陷落。後來阿尤卜王朝雖然又收回了耶路撒冷，但整個國家已處於風雨飄搖之中。阿尤卜王朝曾雇用了一支馬木魯克近衛軍，後者卻逐漸操縱國家大權，最後廢除了阿尤卜王朝的蘇丹，滅亡了阿尤卜王朝。

第五節　馬木魯克王朝（西元 1250～1517 年）

馬木魯克原意是奴隸，從阿拔斯王朝開始，阿拉伯帝國的統治者經常招募突厥奴隸組成近衛軍，這些突厥人被稱作「馬木魯克」，即「奴隸軍團」。從哈里發麥蒙開始，馬木魯克軍團已成為王權的支柱，擁有很多特權。每當統治者軟弱無能時，馬木魯克軍團就專橫跋扈，干預政治。西元 1250 年，馬木魯克軍團的首領完全控制了埃及政局，自封為蘇丹，建立了一個軍事寡頭性質的政權——馬木魯克王朝。

伊茲丁‧艾伊伯克是馬木魯克王朝的第一任蘇丹，在該王朝二百六十七年統治歷史中，馬木魯克軍團分為兩個系統。前期被稱為伯海里系馬木魯克（西元 1250～1382 年），在這一時期，構成馬木魯克主體的是突厥人和蒙古人，居住在尼羅河的羅德島（Raoda）上，故名伯海里（意為「河洲」）系馬木魯克。先後共有

二十四位來自伯海里系的蘇丹在位。後期（西元 1382～1517 年）的馬木魯克軍團以來自高加索以北的塞加西亞人為主，駐紮在開羅南郊莫丹山上的碉堡裡，被稱為布爾吉（意為「碉堡」）系馬木魯克軍團。先後共有二十三位來自布爾吉系的蘇丹治理國家。總體而言，伯海里系馬木魯克比布爾吉系馬木魯克擁有更高的知名度與影響力。

　　馬木魯克名義上雖被稱為「奴隸」，但其實是一個擁有很多特權的軍事貴族集團，他們不僅壟斷了蘇丹的位置，還把持著整個國家的軍政大權。馬木魯克軍團表面上承認阿拔斯王朝哈里發為全體穆斯林的最高領袖，但其實哈里發對他們沒有任何約束權，唯一的職責就是主持新馬木魯克蘇丹的就職儀式，維護其政權的宗教合法性。

　　馬木魯克王朝最負盛名的蘇丹是拜伯爾斯（西元 1260～1277 年在位），他在對抗蒙古人與十字軍的侵略方面立下了傳世功勳。西元 1258 年，蒙古軍占領波哥達後，步步向埃及進逼，當時擔任近衛軍將領的拜伯爾斯奉哈里發庫圖茲（西元 1259～1260 年）之命應戰，在耶路撒冷附近的艾因‧紮盧特一戰中，大敗蒙古軍隊，解除了蒙古對埃及、敘利亞等地的威脅。此後不久，拜伯爾斯殺死庫圖茲，他自己被擁為蘇丹。拜伯爾斯上臺之後，對地中海東岸的十字軍發起猛攻，1263 年占卡拉克，1265 年占凱撒利亞，1266 年占薩法德，1268 年占雅法、安條克，大敗十字軍的威風。拜伯爾斯組織陸軍，重建海軍，加強軍備，以擴充自身的實力。與此同時，他致力於發展國家經濟，特別重視興修水利工程，促

進農業生產，並減免賦稅，撫恤百姓，嚴令禁止抽鴉片及其他毒品。拜伯爾斯還重視文化事業，在開羅創辦學院，建設圖書館，吸引各地學者。拜伯爾斯在位的十七年（西元 1260～1277 年）對內促進經濟繁榮，對外與蒙古人、歐洲人訂立了一系列媾和條約，保證了國家安全。所以，拜伯爾斯被認為是馬木魯克王朝的真正奠基人。1277 年，拜伯爾斯逝世，他的兩個兒子先後繼任，但都政績暗淡。1279 年，另一位強有力的蘇丹蓋拉溫（西元 1279～1290 年在位）繼承了他的事業。蓋拉溫繼任後，繼續攻占十字軍據點，收復了十字軍占領的全部失地，消滅了十字軍在東方全部的侵略勢力，他本人被譽為「勝利之王」。

　　馬木魯克王朝前期，埃及社會經濟基本上保持了繁榮穩定的局面，農業、手工業得到了很大的發展，埃及的糧食作物及玻璃、地毯、工藝品等遠銷阿拉伯半島和兩河流域。埃及商人活躍於地中海、紅海和印度洋，埃及成為國際貿易的中心。這一時期，埃及出現許多著名的醫生、史學家、天文學家、文學家等，菲利普·希蒂教授在他的《阿拉伯人的歷史》一書中尤其讚賞馬木魯克時代埃及的醫學，他寫道：

　　　　眼科是阿拉伯人早期發展的學科之一，在整個十二和十三世紀，與世界其他地方比較起來，在埃及和敘利亞，它是在更加科學的基礎上進行研究。……由於這些醫生大多數是哲學家、天文學家和數學家，一般說來，這些是阿拉伯科學史上的無價之寶。

馬木魯克王朝後期，當政的布爾吉系蘇丹大都專橫跋扈，昏庸無能，國家迅速衰落。十四世紀末，帖木兒帝國在西亞興起，占領兩河流域及小亞細亞，直接威脅到埃及的安全。新航路的開闢也不利於埃及的對外貿易，賴以為生的轉口貿易逐漸衰敗，與此同時，埃及天災不斷，瘟疫、鼠疫、蝗蟲肆虐，掀開了埃及歷史黑暗痛苦的一頁。西元 1517 年，鄂圖曼土耳其軍隊在開羅附近打敗了馬木魯克王朝的軍隊，入主開羅，馬木魯克的末代蘇丹被俘身亡，埃及淪為鄂圖曼帝國的一個行省，直到二十世紀上半葉，埃及在名義上一直隸屬於鄂圖曼帝國。其實，從十八世紀末開始，埃及的實際控制權已落入西方殖民主義者之手。

第六節　鄂圖曼帝國對埃及的統治

鄂圖曼帝國對遠離本土的埃及制定了一整套統治制度，埃及的統治階層由三部分組成：土耳其蘇丹任命的帕夏（Pasha，意為「總督」）、服從帝國需要的近衛軍以及被剝奪了政權的馬木魯克。鄂圖曼帝國的意圖是讓三股勢力互相制約，避免任何一方過分強大，形成地方割據。然而，事與願違的是帝國派來的帕夏往往不了解埃及實情，也不懂當地語言，在埃及的統治很難長久維持。在土耳其人直接占領埃及的三百年間，帕夏就更換了一百多個。馬木魯克軍團仍然是埃及最大的特權階層。到了十七世紀末和十八世紀初，馬木魯克的勢力已經完全超過了帕夏和近衛軍，馬木魯克軍團不僅用金錢收買近衛軍長官，使近衛軍成為其俯首貼耳

的工具，而且還任意廢除帕夏，據統計，十八世紀被馬木魯克廢
除的帕夏就達五十多個。由於馬木魯克內部派系林立，紛爭不斷，
致使埃及社會動盪不安。在這種情況下，埃及人民實際上要承受
鄂圖曼帝國和馬木魯克特權階層的雙重盤剝，尤其是廣大的農民，
其地位甚至比奴隸還要低下，他們要把絕大部分收入繳給蘇丹、
帕夏及包稅人，沒有自由權，不得離開土地。在這種情況下，生
產受到嚴重的傷害，人口也大量減少，由法蒂瑪王朝時期的六百
萬下降到二百五十萬。納忠的《阿拉伯通史》中對此時的埃及作
了這樣的描述：

> 在土耳其人的統治下，原來依靠尼羅河水耕種的埃及，連
> 年水利失修，橋壩圮毀，沙粒大量滲入農田，致使農業遭
> 到破壞。歉收之年，農民甚至顆粒不收。於是，軍隊橫行，
> 盜匪蜂起，人民生命財產隨時受侵。大批農民無以為生，
> 只好離鄉背井，鋌而走險。埃及過去極為發達的手工業，
> 也隨著農村之破壞而衰落，經濟瀕於絕境。社會上，學校
> 關閉，文盲普遍，迷信流行。……由於土耳其人長期的殘
> 酷統治，埃及阿拉伯文化遭到了嚴重的破壞；豐富多彩的
> 阿拉伯語，失去了它往日的光輝，朝霞般的阿拉伯詩歌，
> 只剩下幾許殘照，浩瀚無邊的阿拉伯文化遺產，已棄如敝
> 屣。土耳其人統治的幾百年內，值得一提的阿拉伯詩人、
> 作家和學者，寥若晨星，屈指可數。

　　十八世紀，埃及農民不斷進行起義，他們拒絕繳稅，當政府
當局企圖壓制或懲罰他們時，他們「把錢藏起來，把財產埋起來，
然後帶家人與牲畜像鳥一樣逃亡而走」。城市手工業者、商人及下
層僧侶也對現狀極為不滿。到十八世紀末，埃及國內面臨著嚴重
的統治危機，要求變革社會的呼聲越來越高。可是人們所等到的
不是穩定與繁榮的生活，而是殖民主義者的入侵與國家主權的喪
失。

第四章 | *Chapter 4*

蹉跎歲月：
殖民主義的滲入

第一節　法國入侵與開羅大起義

　　歐洲工業革命發生後，隨著資本主義經濟的發展，資本主義國家的商業競爭與殖民地掠奪愈演愈烈。到十八世紀，法國已經成為最老牌的殖民主義者——大英帝國的強勁對手。尤其是拿破崙執政後，加緊了對外擴張的步伐，並且把侵略矛頭直指西亞、北非地區，尤其是埃及。拿破崙（Napoleon Bonaparte，西元1769～1821年）本人也曾稱「埃及是通往印度的咽喉」、「埃及是世界上最重要的國家」。1797年，法國軍隊進入巴爾幹半島，直逼鄂圖曼帝國邊境。1798年2月，法國制定了占領埃及、控制紅海航道的作戰計畫。同年5月19日，拿破崙率領三萬五千人的軍隊、三百五十艘戰艦、各種專家與工程師一百四十六人，從土倫港出發，遠征埃及。6月10日，法國軍隊占領馬爾他島，經克里特島直逼埃及。7月1日，拿破崙的軍艦駛入亞歷山大里亞港口，

當地居民「以房屋城垣做掩護」，英勇抵抗「異教徒」，致使侵略者死亡約四十人，傷約一百餘人。但由於裝備落後與力量的懸殊，十二天之後，亞歷山大里亞港淪陷，法國軍隊沿尼羅河向開羅推進。在越過沙漠地帶向開羅進軍的途中，貝都因人多次自發地狙擊敵軍，他們填塞沿途的水井，使法國軍隊得不到水源。一位身歷其境的法國軍官回憶說：「士兵們又熱又渴，暈倒在地。有的因目睹自己夥伴的慘狀，精神失常，拔槍自殺；有的走到尼羅河畔，還來不及解下隨身攜帶的武器裝備，便跳下水去，淹死了。」這時，開羅當局下達了緊急動員令，整個城市一片驚慌。一些貴族和富商們紛紛捲著財產逃走，而廣大的城市平民（主要是一些手工業者）卻團結在奧馬・麥克萊姆的周圍，組成志願軍，防守通往開羅市區的重要關口。當拿破崙的六千名先頭部隊臨近開羅郊外時，馬木魯克兵團也果斷應戰，附近的農民也踴躍參戰。7月21日，由士兵、市民及農民組成的抵抗者在巴貝與法國軍隊展開決戰，埃及戰敗。尤其是馬木魯克軍團被完全擊垮，有很多人死於戰場，還有許多人跳入尼羅河逃生，卻被河水淹死。巴貝之戰（因發生在古老的金字塔腳下，又稱「金字塔戰役」）標誌著法國軍隊的決定性勝利。24日，法國侵略者進入開羅。

　　拿破崙在《告埃及人民書》中聲稱法國軍隊是土耳其蘇丹的「朋友」，是為了「幫助」蘇丹征剿暴虐的馬木魯克統治者而來，是為了純潔和捍衛伊斯蘭教。他說道：

　　埃及的人民們，會有人說我的到來是為了毀滅你們的宗教，

這是一個顯而易見的謊言，不要相信它！告訴那些誹謗者，我的到來是為了從壓迫者手中恢復你們的權力，……從前的埃及國土上分布了偉大的城鎮、寬廣的運河和繁榮的貿易，如果不是馬木魯克的貪婪與專制，所有這些又何以毀滅？……告訴你的同胞，法國人也是忠實的穆斯林，而且法國人一直是鄂圖曼蘇丹最忠實的盟友，並且以蘇丹的敵人為自己的敵人，與此相反的是，馬木魯克統治者總是拒絕服從蘇丹。

那麼，法國的真正意圖到底是什麼呢？拿破崙在他1797年的日記中明確釋示法國遠征埃及有三重目的：第一，在尼羅河畔建立一塊法屬殖民地；第二，為法國的商品銷往非洲、阿拉伯半島以及敘利亞開闢市場；第三，把埃及作為進攻東印度群島的基地。顯然，拿破崙遠征埃及的目的是想讓古老的埃及成為法國的殖民地，並以此為前進基地，實現法國對東方帝國的霸權野心。拿破崙進入埃及以後，曾千方百計討好埃及人民，尤其是開羅人民，他宣稱自己皈依伊斯蘭教，崇尚真主阿拉，並十分「虔誠」地到清真寺做禮拜，並標榜自己是伊斯蘭教的「保護人」；他號召除馬木魯克以外的所有逃亡在外的貴族、長老、地主等上層人物回歸故里，並委以重任，使之成為法國殖民統治的支柱；他從上而下改革埃及的統治機構，在開羅設立行政會議和國務會議，在地方設省級行政會議，並吸收部分埃及人士參加。但實際上，這些機構形同虛設，所任命的官吏有職無權，真正的決策機構是由拿破

崙、軍需處長、財政廳長以及稅務局長組成的「四人委員會」。對於廣大民眾，拿破崙採用的是道道地地的高壓政策，他宣稱：「所有村莊，如拿起武器反對法軍，將被夷為平地。」他甚至對部下說：「對付這班人只能用嚴酷的手段。我每天必須殺五六人。一開始，我們對他們寬容，免得說我們殘忍；如今，我們只能用恐怖手段來制服他們。」在經濟上，拿破崙對埃及人民實行殘酷的剝削手段，如強行沒收他們的財產；設立名目繁多的罰款；徵收各種直接稅和間接稅；強迫埃及人購買法國人帶來的金條、銀錠等等。法國的殖民政策，引起了埃及人民的強烈反對，在尼羅河三角洲和上埃及各地，人民以各種方式反抗侵略者，開羅居民更是進行了轟轟烈烈的反法起義。

西元 1798 年 10 月 21 日，拿破崙通過埃及國務會議下達了向私人財產和建築物徵稅的命令，開羅爆發了第一次反法武裝起義。起義者拿出各種私藏的武器，湧入大法官家中，要求取消新稅制。他們還襲擊法國人的居住區和政府機關，在開羅許多地區和法國士兵交鋒，並打死了開羅法國衛戍司令和許多法國士兵。起義者還圍攻拿破崙的住宅，拿破崙本人跑到開羅附近尼羅河中的一個小島上，親自指揮對起義者的鎮壓。他命令薩拉丁城堡的炮兵把起義中心——愛資哈爾清真寺作為重點打擊對象，截斷清真寺與外部的聯繫，同時在全城展開大搜捕、大屠殺。一天時間之內，就殺死了四千餘人（法國軍隊有二百餘人被殺），終因敵我力量懸殊過大，起義軍遭受失敗。法國軍隊趾高氣揚地占領了愛資哈爾清真寺，迦白魯諦親眼目睹了當時的情景，他寫道：

騎兵騎著高頭大馬，夾雜在像一群羚羊似的步兵中間，分
散進駐在庭院和小屋裡。他們將馬匹拴在神龕前，在課室
和走廊裡橫衝直撞。他們砸碎所有的掛燈，打開學生和文
書的衣櫃，將櫃子和倉庫裡的行李、器皿、木盤、金錢和
一切貴重物品洗劫一空。他們把書籍和《可蘭經》撕得粉
碎，扔在地上，用腳和靴子恣意踐踏。這些法國士兵任意
胡作非為，竟敢在這些經典上拉屎撒尿，擤鼻涕。他們喝
完水後，就把水罐砸爛，隨手扔在院子裡和各個角落。他
們見人就打，剝光衣服才肯罷休。

　　為時三天（21～23 日）的起義被鎮壓下去了，法國殖民者採
用了殘酷的報復性政策：大肆逮捕無辜居民，指控他們私藏武器，
先讓他們遊街示眾，然後再關進監獄；攜帶武器的人被抓去砍頭，
屍體被扔進尼羅河；愛資哈爾區及其周圍的民宅被大片大片地焚
燒和毀壞；修建了戒備森嚴的軍事工事、城堡和要塞，把開羅地
區團團圍住。但這一切並沒有使開羅人民屈服，各種形式的反殖
民主義鬥爭仍然延續著。開羅第一次反法武裝起義雖然沒有成功，
但它是阿拉伯世界第一次大規模的反對西方侵略的武裝鬥爭，對
近代埃及歷史產生了深刻的影響。

　　鎮壓了開羅起義之後，拿破崙軍隊繼續攻入上埃及，不斷遭
受沿途百姓的攻擊，致使法國士兵不敢單獨出入。為了擺脫在埃
及的被動局面，拿破崙決定征服敘利亞。西元 1799 年 1 月，他率
軍越過西奈半島，進入巴勒斯坦，先後占領了阿里什、加薩、雅

法、海法，在雅法拿破崙下令把城裡的居民全部處死，有四千多被俘虜的土耳其居民被押到海邊，全部槍殺。拿破崙軍隊所到之處都遭到了當地居民的強烈痛恨，老百姓到處設埋伏，在井裡投毒，給法國軍隊造成了嚴重的困擾，再加上鼠疫的廣泛流行，迫使拿破崙放棄進軍敘利亞的計畫，重新退回埃及。當拿破崙得知法國軍隊在歐洲節節敗退、國內政局不穩的消息後，於 1799 年 8 月，倉皇回國，把僅有萬餘人的埃及軍團交給了部將克雷貝爾管理。

此後，埃及發生了一系列新的反法鬥爭，身為遠征軍司令的克雷貝爾無法收拾殘局，決定邀請鄂圖曼土耳其就法國從埃及撤軍問題進行和談。這時，早已企圖控制埃及的英國趁機介入，在法國、土耳其及埃及勢力之間充當調停者。西元 1800 年 1 月 24 日，法、土簽訂了《阿里什和約》，內容是法國軍隊撤離埃及，其設備與人員由土耳其人負責運送。由於《阿里什和約》並沒有執行，法國和土耳其關係開始惡化。與此同時，開羅又爆發了第二次起義。這次起義從 3 月 20 日開始，一直延續到 4 月 20 日。起義者敲鑼打鼓，呼著口號，衝向法軍總部。他們在布拉格區設立臨時軍火廠，自製武器彈藥。許多長老、伊斯蘭法學家和商人們也出來應戰。侵略者控制城區後，採取了極其殘忍的恐怖手段，他們亂殺亂砍，大街小巷堆滿了屍體，居民的店鋪、住宅、宮殿及其他遺跡都遭到嚴重劫掠與破壞。從貴族、法學家到貧民百姓都被課以沉重的賠款。法國雖然鎮壓了起義者，但卻付出了很沉重的代價。1801 年 3 月，英國根據它和土耳其政府簽訂的協議，

聯合土耳其派兵一萬七千人入侵埃及，向法國軍隊施加壓力。
1801 年 9 月，法國侵略軍撤出埃及，結束了長達三年的殖民統
治，同時英國軍隊以幫助土耳其人重返埃及為名滲入埃及本土，
土耳其則重新統治了埃及。

第二節　富國強兵──穆罕默德‧阿里的改革

法國撤軍之後，埃及的三種勢力（土耳其、英國、馬木魯克）
互相爭權奪利，他們劫掠商隊、船隻，向農民、手工業者勒索苛
捐雜稅，人民生活困苦不堪。尤其是馬木魯克與土耳其之間的矛
盾十分激烈，他們都想把埃及控制在自己手中。這時，埃及民族
意識增強，強烈要求推翻殖民勢力，並且結束馬木魯克的暴政，
建設一個獨立、和平、穩定、繁榮的埃及。這樣的背景促成了穆
罕默德‧阿里興起。

穆罕默德‧阿里（Mehmet Ali，西元 1769～1849 年）出生於
阿爾巴尼亞，年輕時經營煙草生意，三十歲左右加入鄂圖曼軍隊，
作為帶隊官被派往埃及，並表現出非凡的軍事才幹。西元 1803
年，晉升為阿爾巴尼亞軍團的主要將領。在當地貴族與商人的支
持下，他積極擴張領土，擴大自己的勢力。他聯合埃及資產階級，
利用人民的力量來反對馬木魯克和鄂圖曼土耳其人的統治。穆罕
默德‧阿里是罕見的集軍事家與政治家的天才於一身的人物，「儘
管他幾乎未受過正規教育，但他絕不是心胸狹窄、一意孤行的
人。……穆罕默德‧阿里開始的時候並不認為他自己是埃及人或

阿拉伯人，他也從不講阿拉伯語，但 1805 年之後，情況完全發生了變化，他決定以埃及作為他實現人生理想的基地，並極力表現出自己是埃及利益的代表者。」1805 年 5 月，他在埃及貴族與宗教勢力的支持下成為埃及總督，並強烈要求埃及獨立。由於土耳其蘇丹已無力控制埃及，所以在 7 月 9 日被迫承認穆罕默德‧阿里為埃及帕夏。埃及在表面上仍屬於鄂圖曼帝國的一個轄區，但實際上只向帝國繳納總收入的 3%，已經成為一個以穆罕默德‧阿里為核心，在政治、經濟、軍事等方面處於獨立地位的國家。

　　穆罕默德‧阿里上臺後，極力鞏固自己的政權。他依靠伊斯蘭長老、商人來打擊土耳其勢力和馬木魯克軍團，沒收他們的土地，並分配給自己的親屬，通過他們雇用農民來耕種，他自己也成了全國最大的封建主。西元 1805 年，英法開戰，戰爭波及到東方，兩國都想占領埃及。1806 年，英國聯合馬木魯克首領，準備一舉顛覆穆罕默德‧阿里的政權。1807 年，英國軍艦占領了亞歷山大里亞和一些沿海地區，直接威脅羅塞達。埃及軍民英勇抵抗，把深入羅塞達的英軍打退，並圍困亞歷山大里亞，迫使英軍求和。同年 9 月，英國軍隊撤出埃及。穆罕默德‧阿里獲得了「勝利者」的稱號。此後，穆罕默德‧阿里表面上仍承認鄂圖曼帝國的宗主權，但已開始在埃及國內為改革做必要的準備，首先是剷除改革道路上的絆腳石——馬木魯克軍團勢力。1811 年 1 月，穆罕默德‧阿里以在薩拉丁城堡舉行出征慶祝宴會為名，邀請開羅及附近四百七十名馬木魯克首領出席，當他們進入城堡後，立即關閉大門，將他們一網打盡，這就是有名的「薩拉丁城堡屠殺事

件」。接著在全國各地逮捕了一千多人，沒收其全部土地。這樣就避免了埃及出現像鄂圖曼帝國那樣的反改革武裝勢力。在做好了充分的準備之後，穆罕默德・阿里推行了大刀闊斧的改革，其內容主要體現在以下幾個方面：

一、經濟改革

穆罕默德・阿里的經濟改革從農業開始。他首先沒收舊封建主的土地，進行重新分配。他下令對全國的土地進行登記，不僅沒收了全部馬木魯克的土地，也以贖買的形式收回包稅人和清真寺的土地。西元 1814 年，政府又下令廢除包稅制，把全部包稅領地也收歸國有。然後，對所有土地進行重新分配。穆罕默德・阿里把土地分為以下四個類型：第一，王室領地，即分封給阿里本人和王室成員的土地，占全國總土地面積的四分之一左右，獲得王室領地者享有免稅權；第二，邊緣地，指賜給政府官吏的土地，約占王室土地的一半左右；第三，村長地，由國家賜給各村村長，由各村農民服徭役耕種；第四，酋長地，即賜給貝都因部落酋長的土地，由該部落成員服徭役耕種。通過重新分配土地，打擊了舊地主的勢力，並培植了一個新興的地主貴族階層，作為阿里政權的統治基礎。改革也使農民的處境略有改變。穆罕默德・阿里還擴大耕地面積，引進棉花等農作物，廣泛種植靛青、甘蔗、紅花、亞麻、橄欖等經濟作物，並大力興修水利，著手建設埃及的第一個水壩。

穆罕默德・阿里鼓勵發展近代工業。西元 1816 年，政府對手

工業產品實行專賣。1818 年創辦了第一批紡織廠，此後又相繼建立了製糖、榨油、印刷、燃料等民用工廠，其產品由國家定價，在國內銷售或出口。為了滿足軍隊的需要，減少對外國產品的依賴，政府新建了一批軍事工業，包括火藥廠、硝石廠、製革廠、造船廠等。其中規模最大的是 1829 年動工興建的亞歷山大造船廠，該廠擁有工人五千五百人，還雇傭了一些歐洲技師。1834 年法國元帥馬爾蒙參觀了這家造船廠後寫道：

> 這個廠建立不到六年，就造了十艘主力艦。每艘備有百門大炮，其中七艘已經在海上巡弋，另外三艘即將下水。此外，還建造了多艘快速帆船、護衛艦和兩桅方帆船。埃及艦隊一下子擁有三十餘艘戰艦。埃及是一個沒有木材、鐵礦和銅礦的國家，是一個缺乏訓練有素的工人和水手的國家。正是在這個國家裡，建成了造船廠，並在短期內把海軍擴展到如此驚人的地步。

穆罕默德·阿里經濟改革的特點是加強政府對工業、農業和手工業生產的監護和控制。國家還壟斷商業貿易，控制產品的進口與出口。

二、軍事改革

穆罕默德·阿里充分意識到建立一個強大的帝國必須有一支強大的軍隊，於是他把建立正規的、有先進武器裝備的新軍作為

改革的一大目標。他一方面聘請法國教官在上埃及整編、訓練馬木魯克軍團遺留下來的士兵；另一方面，廢除國內的雇傭兵，實行徵兵制，建立以農民為主要兵源的新軍，新軍的規模與建制完全仿效拿破崙的軍隊，並聘請法國軍官擔任教官。西元 1813 年，穆罕默德‧阿里派遣留學生到法國、義大利學習軍事。1825 年，埃及創立了第一所軍事學校和第一所參謀學校，培養自己的指揮官。1830 年代末，埃及擁有陸軍二十萬，海軍二萬，軍艦三十二艘，成為當時中、近東地區最強大的軍隊。

三、政治改革

馬木魯克時期，國家四分五裂，地方勢力各自為政。穆罕默德‧阿里決心通過改革消除混亂局面，建立中央集權的行政管理機構。他按照歐洲國家的模式，改革行政制度，在中央設立高級國務會議，國務會議下設軍事、財政、貿易、外交、教育等部門，各部門職能明確。穆罕默德‧阿里簡化行政區，把原來的十六個行政區合併為七個省，各省設省長，隸屬中央政府管理。省下設縣、鄉，分別由縣長、鄉長管轄。最基層的單位是村，每村都有自己的村長、土地丈量員和稅吏，形成了一套自上而下的行政管理體系。

隨著行政改革的推行，政府採用強有力的手段維護社會治安，整頓社會秩序，並取得了很大的成效。據記載：「穆罕默德‧阿里政權取得的一個最重要和最令人稱道的成果是整頓了社會秩序。過去，人們不要說跨進沙漠，就是在田間也會遭到搶劫；如今即

便穿過離尼羅河遙遠的地區也平安無事。政府制服了貝都因人，嚴禁他們攔路搶劫。」

四、教育改革

「儘管阿里四十七歲的時候才學會閱讀，但他理解教育的重要性。」改革運動也迫切需要一大批具有新思想、新知識的人才來推動，而以宗教教育為主的舊式學校和私塾已不能滿足這一需求。穆罕默德‧阿里決心按照歐洲的模式，建立一整套新的教育制度，他提倡在愛資哈爾大學開設世俗課程。同時還建立了幾十所歐式中小學，實行免費教學；建立了農、醫、商、外國語等各種專科學校，派遣大批留學生出國學習軍事、政治、醫學、生物、化學、藝術、考古等學科。留學生的人數也由西元 1826 年的四十四人增加到 1831 年的三百人。這時，一支代表新知識、新思想的隊伍在埃及出現，成為改革運動的有力支持者。

穆罕默德‧阿里「是第一位抓住了工業革命機遇的非西方統治者」，他的改革雖然沒有改變傳統的生產方式與生產關係，但沉重地打擊了落後的觀念，對新知識、新事物、新制度的提倡，有力地促進了社會變革，推動了埃及經濟的發展，從而增強了國力，維護了埃及的獨立。

埃及經濟、軍事與政治的發展，為穆罕默德‧阿里政權的對外擴張奠定了基礎。西元 1811～1818 年，阿里派遣他的兒子突松和伊布拉欣率兵侵入阿拉伯半島，進行了七年征戰，幫助鄂圖曼帝國鎮壓了瓦哈比起義，占領了麥加和麥地那。1819～1823 年，

穆罕默德‧阿里把侵略矛頭指向蘇丹，占領了大部分的蘇丹領土。
1824～1828 年，穆罕默德‧阿里還應土耳其蘇丹的邀請出兵鎮壓
希臘人民起義。不過到了 1831 年，埃及和鄂圖曼土耳其帝國關係
破裂，爆發第一次土埃戰爭，埃及軍隊占領了敘利亞、黎巴嫩、
巴勒斯坦，領土擴張到西亞。1839 年，第二次土埃戰爭爆發，埃
及軍隊接連獲勝，土耳其大敗。這時，英、俄、奧、普等國出面
干涉，並於 1840 年向埃及開戰，結果埃及戰敗。1840 年 7 月 15
日，英、俄、奧、普四國同鄂圖曼帝國在倫敦締結了《解決近東
事件條約》，簡稱《倫敦條約》(Treaty of London)。根據這一條
約，穆罕默德‧阿里只能擁有埃及本土和蘇丹，鄂圖曼帝國准許
阿里家族在每年納貢的條件下世襲埃及帕夏職位。穆罕默德‧阿
里拒絕接受《倫敦條約》。1840 年 9 月，英、奧聯合艦隊對埃及
進行武裝干涉，並炮轟貝魯特和敘利亞其他港口，同時，敘利亞
和黎巴嫩人民也掀起了大規模的反埃及起義，穆罕默德‧阿里陷
於困境，埃及軍隊不得不撤出敘利亞和黎巴嫩。在英國的武力強
迫下，阿里政權不得不接受《倫敦條約》。1840 年 11 月 27 日，
英、埃簽訂協議，穆罕默德‧阿里僅僅保全了埃及和蘇丹的世襲
領地。1841 年，鄂圖曼帝國頒發蘇丹敕令，對《倫敦條約》作了
具體說明，解散大批埃及軍隊，只保留一萬八千人的陸軍，取消
埃及的造船廠等軍事工業。「來自歐洲與鄂圖曼帝國的雙重壓力，
終於迫使穆罕默德‧阿里放棄了自己的帝國夢。」到 1846 年，埃
及只剩下三座工廠，曾輝煌一時的穆罕默德‧阿里帝國成為過眼
雲煙。

第三節　蘇伊士運河的開鑿與國家主權的喪失

　　穆罕默德‧阿里對外擴張的失敗為外國勢力侵入埃及打開了方便之門。他們利用 1840 年《倫敦條約》中的國際監護權，在埃及投資，並以低廉的價格向埃及傾銷商品，尤其是英國在埃及的殖民利益居其他國家之首。1849 年，穆罕默德‧阿里在抑鬱的氣氛中結束了他的一生，其孫子阿拔斯繼位。由於阿拔斯反對新事物，擁護舊的統治制度，在他任期（西元 1849～1854 年）內幾乎廢除了穆罕默德‧阿里所有的改革成果，也取消了國家對工商業的壟斷，關閉工廠和學校。這一時期，英國勢力進一步滲入埃及，於 1851 年獲得了在埃及修建第一條鐵路的特許權，簽訂了從亞歷山大里亞到開羅的鐵路合同。1854 年，阿拔斯帕夏遇刺身亡時，鐵路正在修建中。在英國獲得鐵路修築權的同時，法國一直在謀取蘇伊士運河的開鑿權。阿拔斯死後，繼位的是他的叔父阿里‧賽義德，賽義德帕夏於 1854 年把修建運河的特許權給了他的老朋友——前法國駐亞歷山大里亞總領事費迪南‧德‧勒賽普，並簽訂了《關於修建和使用連接地中海和紅海的蘇伊士運河及附屬建築的租讓合同》。1856 年，又簽訂了一項新的租讓合同，對 1854 年的合同進行了補充。合同規定：由外國公司承建運河（其實主要是法國公司）；埃及方面出讓開鑿運河所需的土地、採石廠，並免費提供五分之四的勞工；運河開通後，運河公司租用九十九年，並按照自己的意願徵收稅金　，埃及政府每年可分享公司淨利的

圖 38：蘇伊士運河開通典禮

15%。但是，英國極力反對運河計畫，擔心法國所取得的主體地位會威脅到英國在東方的商業利益，而俄國、義大利、西班牙等國則支持運河計畫，以勒賽普為首主持的「國際蘇伊士運河公司」也在西方各國集資籌款。

　　西元 1859 年，蘇伊士運河正式動工。成千上萬的埃及農民被驅趕到運河工地上，在十分惡劣的情況下艱難勞作，過著奴隸般的生活。1863 年，賽義德帕夏去世，繼承人易司馬儀上臺之後頒布命令，禁止在運河區實行強制勞動，並就勞工賠償等問題與勒賽普進行交涉，但勞工的狀況並沒有多少改善，依然有許多人死於過度勞累和各種流行性疾病，怠工與逃跑的事件屢禁不止。1869 年 11 月 17 日，全長 172 公里的蘇伊士運河正式開通，並舉行了隆重的通航儀式。

　　可是，運河的開通並沒有給埃及人民帶來富足與繁榮，反而導致債臺高築、民不聊生，及外國勢力進一步侵入。許多西方國家在埃及開設銀行，從西元 1862～1873 年的十一年中，埃及向英國銀行的借款總額達 6800 萬英鎊，可是實際得到的僅 4600 萬英鎊，其他 2000 多萬英鎊被英國以各種名目扣除。從 1864～1879 年有八家外國公司在埃及從事土地投資業務。同時，一大批外國工廠在埃及開業，西方國家旅居埃及的僑民也從 1860 年的三千人增加到 1878 年的六千八百人。此時軟弱無力的埃及政府還大興土木，肆意揮霍，使得國家財政狀況日益惡化。1875 年，伊斯梅爾（Isma'il，西元 1863～1879 年）在位時，他把屬於埃及的運河股份全部廉價地賣給了英國政府控制的蘇伊士運河公司 (Suez Canal Company)，英國在埃及的勢力大大增強，其他國家見狀也紛紛向埃及勒索各種權利。同年，埃及外債高達 9100 萬英鎊，光利息就要花去國家財政收入的三分之二（650 萬英鎊）。1876 年，埃及宣布財政破產。西方國家成立了埃及國債局，由英國執行收入監督，法國執行支出監督。1878 年 8 月，英、法迫使伊斯梅爾同意成立所謂的「責任內閣」，讓英、法、義、奧四國代表入閣，擔任大臣，對內閣決定有否定權。「責任內閣」使歐洲人尤其是英、法控制了埃及的經濟、政治大權，埃及完全淪為英、法的殖民地。埃及人民痛恨地稱「責任內閣」為「歐洲內閣」。

第四節　不甘沉淪——埃及人民的反抗

「歐洲內閣」為了追回欠款，對埃及人民橫徵暴斂，尤其是廣大的農民所承擔的賦稅比以前增加了三倍，農民的債務在西元1876～1882 年的七年間增加了十七倍，大批農民不得不拿土地抵押債務，從而失去了土地。所以 1878 年以後，埃及常發生農民抗租事件，他們殺死稅吏，以示抗議。此外，埃及的鐵路、港口和海關被外國人控制後，出口關稅以及運輸費大幅度增加，商人和手工業者承受著沉重的打擊，導致商業蕭條，貿易下降。埃及的中下層軍官也因得不到應得的薪餉，很難養家餬口，並且常常面臨著政府為緊縮開支而被解雇的危險，所以對現狀極為不滿。隨著英、法部長權限的增大，原來在銀行、企業裡工作的埃及知識分子大半被排擠出去，政府機關中的埃及人也越來越少，而且其工資所得與歐洲人極不成比例。根據 1882 年的統計，政府機關全部職員一萬零五百五十五人中，歐洲籍雇員占去了一千三百五十五人，薪餉總數為 379056 埃鎊，平均每人的薪餉為 300 埃鎊；而埃及職員的薪餉，平均每人僅 30 埃鎊。這種狀況引起了知識分子的強烈反對，一些有識之士紛紛呼籲埃及人民覺醒，為尊嚴、為獨立而奮戰。埃及民族主義思想家、愛資哈爾大學教授哲馬侖丁在一次群眾集會上呼籲道：

埃及人正在奴役中生活著！在暴政下生活著！埃及人民面

臨著殘忍的、貪婪的外國侵略！埃及人民正在身受侵略者
的烈火焚燒。埃及人民正承擔著一切沉重的壓榨和掠
奪。……歷代的外國統治者希臘人、羅馬人、波斯人、阿
拉伯人、馬木魯克人、土耳其人……一直到法國人、阿里
亞人，以及現在的英國人，輪流地踐踏埃及的土地，剝去
埃及人的皮肉，搗碎埃及人的骨頭……埃及同胞們，你們
應該起來反抗！君不見偉大的金字塔，巍峨的廟宇和寺院，
瑰奇的古代遺跡，堅固的古代堡壘……這一切不都是埃及
祖先不朽的光榮嗎？

在全國各階層反對「歐洲內閣」的強烈呼聲中，由知識分子、
愛國軍官、青年學生組成的埃及第一個政黨——祖國黨於西元
1879 年 1 月在埃及成立。提出了「埃及是埃及人的埃及」這一個
響亮的口號，主張維護國家獨立和主權，實行憲政，推翻「歐洲
內閣」。祖國黨還出版《祖國報》，宣傳民族主義和愛國主義。祖
國黨的核心領導人是校級軍官艾哈邁德‧阿拉比（Ahmad Arabi，
西元 1841～1911 年），他帶領部分軍官、士兵及軍事院校的學生
舉行示威遊行，占領財政大樓，禁閉外國部長，迫使伊斯梅爾答
應示威者的要求。後來，英國勢力縱容鄂圖曼帝國蘇丹廢黜了伊
斯梅爾，擁其子杜菲克上臺來打擊祖國黨。1881 年 9 月，阿拉比
率領四千名官兵在阿比丁廣場對杜菲克實行「兵諫」，要求建立議
會，改善軍人待遇。1882 年 7 月 10 日，法國因忙於鎮壓突尼斯
人民起義，所以從亞歷山大里亞撤軍，這讓英國決心獨占埃及。

同日，英國向埃及發出最後通牒，限定二十四小時內交出炮臺，遭到拒絕之後，英國艦隊於 11 日炮轟亞歷山大里亞港，兩天之後亞歷山大里亞港陷落，杜菲克當天就倉皇投降，阿拉比則率軍在亞歷山大里亞城外修建工事，積極抵抗。後來，由於阿拉比輕信了英軍遵守蘇伊士運河區中立的保證，把主力集中在西線，使得東線防禦薄弱。結果英軍突襲運河區，致使阿拉比腹背受敵，失去了東部防線後退守開羅。9 月 15 日，英軍兵臨開羅城下，投降派打開城門，侵略者長驅直入，阿拉比被俘，埃及人民的抗英戰爭失敗，上萬名埃及人失蹤，而英國方面只死亡五十七人，失蹤二十二人。英國指揮官在其所寫的戰事報告中得意地說：「我認為在我們的軍事歷史上，英國步兵團沒有那一次比這次戰役更功名卓著。」阿拉比被判處終身監禁，流放到錫蘭，1901 年才回到開羅，十年後去世。

　　阿拉比起義是埃及近代史上一場意義深遠的反殖民和反國內賣國勢力的鬥爭，它傳播了民族主義思想，也弘揚了愛國主義精神。阿拉比本人被埃及人尊為「第一位為民族獨立而奮鬥的真正英雄」。阿拉比起義具有廣泛的群眾性，阿拉比曾這樣記述道：

　　　全埃及民族不論個人的宗教信仰有什麼不同，都慷慨地捐獻金錢、糧食、馬匹、駱駝、黃牛、水牛、羊群、水果、蔬菜乃至柴禾。有的獻出自己的一半糧食和牲畜；有的放棄自己的全部家產；有的因自己年老體弱不能殺敵，而送子參軍。總之，整個埃及民族都做出了貢獻，顯示出近幾

個世紀以來所未有的那種自豪和熱情。

　　阿拉比起義失敗的主要原因在於內部四分五裂，缺乏統一行動綱領；沒有廣泛動員農民和貝都因人來擴大起義力量；沒有及時肅清自己隊伍中的叛變者和對殖民主義者抱有不切實際幻想的意志薄弱者。

第五節　英國的殖民政策

　　從 1882 年起，英國的國旗就一直飄揚在薩拉丁城堡上，但在形式上埃及依然屬於鄂圖曼帝國的一部分，直到第一次世界大戰爆發。考慮到國際事務中的微妙關係，以及埃及人民的強烈敵視情緒，英國也一再聲稱只是「暫時占領」，實際上埃及已完全成為英國的殖民地，承受了英國殘酷的壓迫與掠奪。

　　在政治方面，為了把持政權，英國政府廢除了 1882 年的埃及新憲法，重新頒布了《基本法》，解散了擁有較大權力的埃及議會，新設立了立法諮議會、總議會和省代表議會三個有名無實的機構，國家的真正權力操縱在英國駐埃及最高代表兼總領事手裡，並通過他把大批的英國顧問安插到各個部門中，以控制國家政治。這些人被標榜為「英國的智慧」。據統計，1890 年前後，埃及的海關、郵政、工程、警察、法院、檢察、司法、內政、財政、教育等機關實際上被三十九個英國高級顧問所控制。

　　在經濟方面，英國千方百計打壓埃及的民族工商業。為了滿

足英國工業的需求，英國強令埃及大規模地種植棉花，西元1883～1907年，埃及棉花出口總值從800萬英鎊增加到3000萬英鎊，所有出口都被英國壟斷。同時，糧食、甘蔗、亞麻、煙草等作物的種植則明顯縮減。另外，英國迫使埃及實行最低關稅，大批的英國商品充斥埃及市場，埃及經濟更加依賴英國市場。

在文化方面，大力推行奴化教育，關閉新式學校，只保留私塾和清真寺教育；免費教育被取消，教育經費大幅度下降；普遍推廣英語教學，限制「只會帶來民族狂熱」的阿拉伯語，機關行文和商業文件一律要求英語和法語；派遣大批貴族子弟到英國留學，想以他們為媒介在埃及傳播英國文化。從1883～1919年，埃及留學生共有二百八十九人，其中二百二十一人留學英國，占總數的80%。

英國的殖民政策引起了埃及人民的反抗，以穆罕默德·阿卜杜為代表的一些知識分子極力主張革新伊斯蘭教，以溫和的形式反抗殖民主義。廣大的下層人民則多次在亞歷山大里亞、開羅等地與英國士兵發生武裝衝突。1905年6月13日，英軍在尼羅河三角洲的丹沙微村獵取白鴿，損毀莊稼，焚燒農舍，與當地村民發生衝突，英軍誣陷埃及農民殺死了他們的軍官（實為中暑而死），隨即製造了血腥慘案，四個農民被當場絞死，九人被判處勞役。在行刑現場，一位農民站在絞臺上痛罵侵略者為「該死的暴徒」。慘案發生後，舉國震怒，埃及詩人伊布拉欣·哈菲茲揮筆作詩：

統治的人們！

對我們如此「友情」，難道你們健忘？

約束你們的軍隊吧！

你們到處射獵，踐踏農地！

你們射不到野鴿，

卻讓被奴役的人民遭殃。

我們還沒有打碎頸上的枷鎖，

我們跟野豬的命運一樣。

你們冤枉和屠殺無辜，

其實他們（英國軍官）是死於太陽。

難道是「宗教裁判所」重現？

難道是尼祿的暴政重返？

　　第一次世界大戰爆發後，英國鑑於埃及重要的戰略地位，尤其是蘇伊士運河的重要性，加緊實現對埃及統治的合法化，它以鄂圖曼帝國參戰對蘇伊士運河基地構成威脅為藉口，於 1914 年 12 月 18 日宣布埃及脫離名義上的宗主國土耳其，「即日起成為英國的保護國」。從此，英國結束了「暫時占領」，埃及成為英國名副其實的殖民地，埃及的實權完全掌握在英國人手中，尤其是英國派往埃及的高級專員（相當於原來的最高代表兼總領事）更成為太上皇，他們所擁立的埃及帕夏對英國主子言聽計從。英國還把戰爭的負擔轉嫁到埃及人民身上，不僅糧食短缺，饑荒橫行，而且英國軍隊到處出沒強徵農民入伍，把他們編入「強制志願軍」

或「勞動兵團」，埃及人民惶惶不可終日。在此背景下，發生了柴魯爾領導的華夫脫運動。

第六節　埃及華夫脫運動

　　薩阿德‧柴魯爾（Sa'd Zaghlul，西元 1857～1927 年，一譯札格盧勒）被稱為「現代埃及之父」。他的活動是同埃及現代史上持續二十年之久的華夫脫運動緊緊相聯在一起。

　　埃及民主主義運動史的轉折點是第一次世界大戰。大戰中英國在埃及建立了殖民保護制度，使埃及由半殖民地變為殖民地。廣大農民是殖民保護制度最痛苦的犧牲者。在戰爭中英國徵用了一百五十多萬「勞動軍」和「運輸隊」，占埃及成年男子的三分之一，其中大多數是農民，有一百多萬農民被剝奪了土地。在農民中間流傳著一首叫做《悲哉！溫蓋特》的歌謠，其中有一段是：

> 烈日當頭上，
> 溫蓋特——
> 他搶走了我們的口糧，
> 他搶走了我們的牛羊，
> 他拆散了我們的家庭，
> 我們奄奄一息，等待死亡。
> 真主啊！
> 讓他離開我們吧，

讓他離開，我們才能獨立自強。

　　這首歌謠傾訴了農民的哀怨，表達了農民對英國駐埃及專員溫蓋特所實行的殖民掠奪政策的抗議。

　　柴魯爾生於富裕農家，在開羅愛資哈爾大學學習期間已覺醒，成為一位民族主義者。1882 年參加過阿拉比領導的抗英戰爭。他在 1918 年 11 月 13 日，即第一次世界大戰結束後的第二天，與另外兩名民族主義者阿卜杜勒·阿齊茲·米赫米和阿里·謝阿拉維，一起去見英國專員溫蓋特，要求廢除殖民保護制度，去倫敦與英政府談判獨立問題。遭到拒絕後，他即組織了革命組織「華夫脫黨」 (Wafd Party)❶ ，提出了以和平方式實現埃及獨立的綱領。他號召了二百多萬人在《委託書》上簽名，使華夫脫黨取得了人民代表的合法資格。

　　1919 年 3 月起義是埃及全民覺醒的標誌。英國駐埃及軍隊司令沃森奉命鎮壓群眾集會，並將柴魯爾等華夫脫黨領袖流放到馬爾他島，由於埃及人民對柴魯爾的支持，「使其變成一場大規模的革命運動，而且是埃及近代歷史上所發生的最大規模的運動，學生和老師，律師和法官，政府官員和運輸工人都一起參與。」學生罷課、工人罷工、商人罷商、農民也積極走上政治舞臺。軍警

---

❶　「華夫脫」，譯自阿拉伯語中的 Wafd，意為「代表團」。該黨成立以後在柴魯爾的領導下聚集了一大批民族主義者，致力於結束英國統治，爭取埃及獨立。華夫脫黨是埃及現代史上最有影響力的政黨。

的鎮壓，使群眾的抗議集會和示威遊行進一步轉變為武裝起義。開羅和不少地區的婦女也投入鬥爭。基督教徒與穆斯林聯合起來，反對共同的敵人。開羅、亞歷山大里亞發生激烈巷戰。游擊隊活躍在米努夫、布海拉、亞斯文等省市。開羅和許多城市、鄉村建立了革命政權──人民委員會或民族委員會。

新任命的埃及專員艾倫比，指揮六萬名配有新式飛機、大炮、坦克的英軍，血腥地鎮壓了起義。成千上萬的人被殺、被處死和被關進監獄。從 1919 年 10 月到 1921 年 11 月，華夫脫黨同英國政府進行了多次談判，都以破裂告終。12 月 23 日，柴魯爾及華夫脫黨的其他領導人又一次被捕。艾倫比將柴魯爾等人關進塞舌爾群島監獄，後轉至直布羅陀要塞。柴魯爾此時身患重病，消息傳出之後，一石激起千重浪。「立即釋放柴魯爾」、「埃及立即獨立」等 1919 年 3 月起義的口號，再一次響徹埃及大地。工、農、商、學各界愛國人士紛紛走上街頭，和軍警發生了激烈衝突。華夫脫黨開羅委員會宣布抵制英貨和英國銀行。柴魯爾在監獄中號召全國人民以持續的鬥爭取得埃及獨立。

英國政府被迫於西元 1922 年 2 月 28 日發表宣言，聲明結束英國對埃及的保護權和承認埃及為獨立的主權國家。但聲明中卻包括保留英軍在埃及的駐軍權、對蘇伊士運河的控制權、領事裁判權、對蘇丹的管理權等四項條件。

3 月 16 日，埃及宣布為獨立的君主立憲制國家。國王為福阿德蘇丹。4 月 4 日公布的憲法確認埃及為君主立憲制的自由獨立國家，伊斯蘭教為國教，阿拉伯語為國語，確定了「主權在民」、

「公民享受平等自由」等原則。

　　儘管宣言把埃及仍置於半殖民的狀態之下，但第一部憲法的頒布和宣布埃及為獨立的君主立憲國家，這在被稱為「殖民地大陸」的非洲，還是第一次。作為非洲現代史上第一個民族獨立國家，不但標誌著埃及歷史新時期的開端，也是非洲現代史上新的時代的開始。

　　正像亞非拉民族獨立建國歷經重重曲折一樣，獨立後的埃及在內政外交上處處受制於英國，民族革命的任務仍很艱鉅。華夫脫黨在大選獲勝後，柴魯爾於 1924 年 1 月被任命為內閣首相兼內務大臣。在他任期的十個月中，實行了一系列有利於埃及社會進步的改革，如發展工商業和教育事業，改革選舉制度，反對官員貪污腐敗等等。但更重要的是他利用民族國家的權力，反對英國的四項保留特權。他在與英國談判中提出了英軍撤出埃及、停止英國對埃及財政和外交的監督權、取消英國領事裁判權和對蘇伊士運河的保護權等四項權利。

　　柴魯爾內閣的脆弱之處在於沒有廣泛的社會基礎和軍事實力。它外受英國和埃及保守集團壓力，對內又不願依靠工農群眾，甚至對支持自己的工農群眾進行鎮壓。1924 年 11 月，在英國武力威脅下，柴魯爾內閣被迫辭職。此後，便開始了華夫脫黨長達十二年的護憲運動。

　　護憲運動的第一階段在柴魯爾領導下，同王室和英國圍繞著議會選舉進行的。1925 和 1926 年的兩次議會選舉中，柴魯爾均以多數票被選為議長。同時，華夫脫黨、新祖國黨和薩爾瓦特一

起組成聯合內閣，利用憲法賦予議會的權利，為取消英國對埃及軍隊的指揮權和建立現代化埃及民族軍隊而奮鬥。英國在軍隊問題上斷然拒絕埃及的要求，並用武力加以威脅。1927年8月24日柴魯爾去世後，護憲運動進入第二階段。1928年和1930年華夫脫黨人納哈斯兩度組閣，為廢除英國四項保留條件而與英國談判。1930年華夫脫黨反對親英的薛德基政府修改憲法，展開了抗議活動，得到群眾的響應。國王靠著英國支持，鎮壓了抗議活動，廢除了1923年憲法，實施了擴大王權的1930年憲法。1934年開始了護憲運動的最後階段，埃及人民反對新憲法的浪潮此起彼落。1935年，國王被迫宣布恢復1923年憲法，納哈斯第三次組閣。但是他在1936年與英國簽訂的《英國和埃及同盟條約》中，仍保留了英國過去的四項特權，使華夫脫黨名譽掃地，一蹶不振。

　　華夫脫黨的護憲運動是兩次世界大戰之間埃及民族主義運動的特殊階段。當華夫脫黨的合法與和平鬥爭山窮水盡進退維谷之際，一支青年軍官階層從1936年開始活動，正是這個階層開闢了1952年7月革命的道路。

第 III 篇

強人政治與埃及的復興

第五章 | *Chapter 5*

歷史新篇：
納塞時代

第一節　1930～1950 年代的埃及

　　西元 1921 年、1926 年、1929～1933 年，埃及先後三次遭受經濟危機的打擊，人民生活水平不斷下降。國民平均所得由 1913 年的 12.4 埃鎊下降到 1921～1928 年的 12.2 埃鎊，1930～1933 年更降到 8.2 埃鎊。尤其 1930 年代的經濟大恐慌更嚴重的打擊了埃及經濟，由於棉花價格猛跌，棉花種植面積縮減了二分之一，許多棉農破產。有限的社會收入被地主、資本家及高利貸者所把持，工人、農民的處境極其悲慘。

　　1930 年 6 月 17 日，英國扶持上臺的薛德基內閣是一個代表保守勢力及金融貴族的政權。當工人、農民與學生以罷工與示威的形式反抗現狀時，政府毫不猶豫地使用武力，對手無寸鐵的群眾開槍掃射。同年 7 月，激烈的巷戰在開羅、亞歷山大里亞、塞得港、蘇伊士港等地展開，強烈要求推翻政府。但人民的反抗被

無情地鎮壓下去。1936 年 5 月，埃及舉行全民選舉，華夫脫黨獲得勝利。新組成的納哈斯內閣於 1936 年 8 月 25 日與英國簽訂了《英埃同盟條約》(*Anglo Egyption Treaty*)，該條約的有效期為二十年，其主要內容有：

一、英國負有保護埃及不受外國侵略的義務，埃及在戰時應將一切交通置於英國的管轄之下。

二、英國終止在埃及的軍事占領，但在平時英國仍有權在蘇伊士運河區駐紮陸軍一萬人和飛行員四百人；運河區的營房建築費由埃及政府負擔。

三、英國空軍有權不受阻礙地飛行於埃及的領空，有權使用埃及的飛機場。

四、亞歷山大里亞在八年內仍保留為英國海軍軍港。

五、埃及可以建軍，但一切武器必須向英國購買。英國在埃及設立軍事代表團，負責訓練埃及軍隊的事宜，埃及軍隊不接受其他國家的訓練。

六、恢復 1899 年《英埃共管蘇丹協定》，允許埃及軍隊進駐蘇丹。

七、英國同意取消外國在埃及的領事裁判權，將會同其他國家就此問題與埃及政府另作商談。

《英埃同盟條約》並沒有給予埃及人民所渴望的獨立，它只不過是在國際局勢日益複雜的情況下雙方的相互妥協而已，實際上加劇了埃及的殖民化程度。1938～1939 年資本主義世界爆發新的經濟危機，埃及又被嚴重捲入。農產品價格進一步下跌，工人工資

越來越少，社會越來越動盪不安。第二次世界大戰爆發後，英國的海、陸、空軍開進埃及，埃及成了英國的戰爭基地。戰爭初期，當法西斯的囂張氣焰動搖了英國在中東的地位時，埃及人民則是歡欣鼓舞。戰後，埃及人民醞釀著更大規模的反英鬥爭。1946 年 2 月 9 日，開羅數千名學生組織示威遊行，在阿拔斯大橋遭到了荷槍實彈的英軍的血腥鎮壓，死傷甚多，造成了「阿拔斯大橋慘案」，這激起了埃及人民極大的憤怒，各大城市紛紛展開反對英軍暴行的示威遊行活動。埃及政府也中止了和英國的馬拉松式談判，向聯合國提出控訴。由於英、美代表從中作梗，埃及問題在安理會上未被解決。這時，亞洲許多國家如印度尼西亞、伊朗的民族民主運動都獲得很大的成功，對殖民主義勢力造成了一定的打擊，所以英國在埃及也不得不作出了一些妥協，如英軍撤出開羅、亞歷山大里亞，退到運河區；允許埃及自由選舉等，但是埃及的狀況並沒有因此而得以改觀，政治經濟生活仍然處於失控狀態，政府官員貪污受賄成習，百姓窮困不堪。1949 年，國家預算赤字為 1400 萬埃鎊，1950～1951 年增為 3000 萬埃鎊，5% 的王室成員、大地主、商人掌握了國民收入的一半左右，統治階層每年要花費 1.3 億埃鎊購買高級消費品與奢侈品。嚴重的貧富分化導致了社會矛盾的繼續尖銳化。

第二節　埃及「七月革命」

1948 年 5 月，埃及和外約旦、敘利亞、黎巴嫩、伊拉克以及

沙烏地阿拉伯一起，向剛剛宣告獨立的以色列宣戰，巴勒斯坦戰
爭爆發。埃及在戰爭中的慘敗，清楚地暴露了法魯克王朝和諾格
拉西政府的無能。一些有識之士越來越認識到，要想徹底獨立，
就必須推翻帝國主義的支柱——腐敗的埃及封建王朝。 1948 年
10 月 10 日，愛資哈爾大學和開羅大學的學生舉行遊行示威，他
們撕毀法魯克的畫像，呼籲埃及人民起來推翻腐敗的政府。1950
年 1 月，埃及進行議會選舉，具有護憲運動優良傳統的華夫脫黨
提出修正《英埃同盟條約》和要求英軍撤走等綱領，得到了人民
的擁護，因而在選舉中獲勝。華夫脫黨上臺之後，推動埃及議會
於 1951 年 10 月 15 日通過一項決議案，宣布廢除 1936 年《英埃
同盟條約》和 1899 年的《英埃共管蘇丹協定》，埃及人民極為擁
護，舉行示威遊行，強烈要求把殖民者趕出國土。對此，英國極
為惱怒，立即增兵運河區，對埃及進行武力威脅。英國海、陸、
空軍占領了蘇伊士運河地區的主要城市和戰略據點，無數城鎮和
鄉村遭到嚴重破壞。接著，英國又大規模地進攻埃及，侵占了從
開羅到運河地區的許多重要的戰略據點。在民族危亡的關鍵時刻，
埃及人民進行了英勇的抵抗。運河區的六萬名埃及工人實行總罷
工，使交通和全線日常工作全部癱瘓。來自全國各地的上萬名愛
國者組成游擊隊在運河內展開了轟轟烈烈的武裝戰鬥，各大城市
積極響應，罷工、罷市不斷，並展開了抵制英貨的運動。由於埃
及人民與英國的矛盾日益白熱化，再加上英、美在埃及的角逐，
造成埃及的政局動盪不定。1952 年 1 至 7 月，直接聽命於王室的
內閣更換了五次，腐朽的君主制度再也無法統治下去了，反帝、

反封建的雙重歷史任務已擺在了埃及人民的面前，以加麥爾‧阿卜杜勒‧納塞（Colonel Gamal Abdal-Nasir，西元 1918～1970 年）為首的「自由軍官組織」（The Free Officers）代表埃及人民的願望，站在了抗英鬥爭的前列。

　　加麥爾‧阿卜杜勒‧納塞，1918 年 1 月 15 日出生於亞歷山大里亞。他的父親是一位郵局職員，母親在他出生不久就告別了人世。七歲時，納塞被送到開羅讀書，與他的叔叔住在一起。納塞從小就具有強烈的愛國心，中學時代就多次組織或參與學生運動。1937 年，考入埃及皇家軍事學院。1945 年又進入開羅陸軍參謀學院學習，1948 年畢業。在此期間，納塞和一些愛國軍官開始籌建秘密團體「自由軍官組織」，納塞曾這樣表述他們的理想：「我們必須對帝國主義的君主專制和封建主義宣戰，因為我們反對非正義、反對壓迫、反對奴役。」1949 年，在開羅召開了一系列秘密會議，成立了「自由軍官組織籌建委員會」（The Committee of the Free Officers），規定了一系列組織制度。1950 年起，納塞當選「自由軍官組織」的主席，秘密印刷《自由軍官之聲》，宣傳反帝國主義、反封建統治的主張。1952 年 1 月 26 日，埃及人民走上街頭高呼「趕走英國人」、「打倒國王」的口號。事件發生後，「自由軍官組織」接到國王命令，要求他們鎮壓人民起義。但是，「自由軍官組織」實際上已經和人民站在一起，該組織在散發給軍官們的秘密傳單上寫道：

　　　埃及的賣國賊正依靠你們，依靠你們手下的軍隊來實現他

們的目的。他們只不過把你們看成是鎮壓人民、制服人民的工具而已。應該讓這些賣國賊懂得：軍隊的職責，是爭取和捍衛國家的獨立。軍隊出現在開羅街道上，只能執行粉碎賣國賊破壞搗亂陰謀的任務，而決不能把槍口對準人民，向示威群眾開槍，也決不能逮捕忠誠的愛國者。大家應該知道：我們現在已經和人民站在一起了，並將永遠站在一起。我們只響應祖國的召喚。軍官們！祖國在危急中。你們應該警惕反對祖國——也是反對你們的陰謀。你們要團結在自由軍官組織的周圍。只有這樣，勝利才屬於你們，才屬於和你們不可分割的人民。

在經過了長時間的籌備之後，1952 年 7 月，「自由軍官組織」領導了具有歷史意義的「七月革命」。7 月 23 日凌晨，「自由軍官組織」領導的武裝起義爆發了。午夜十一點鐘，「自由軍官組織」所控制的坦克、大炮、裝甲車、機槍、汽車等分頭出發，執行命令，凌晨二點鐘就完成了全部占領任務，占領了首都開羅的重要據點，控制了亞歷山大里亞的交通要道，包圍了法魯克統治集團居住的皇宮。七點三十分，埃及廣播電臺公布了以武裝部隊總司令的名義發表的聲明：

埃及經歷了現代歷史上的賄賂、腐化和政局不穩的艱難時期。這一切現象深深地影響了軍隊。正是那些貪污分子的自私，造成了我們在巴勒斯坦戰爭中的失敗。戰後，貪污

腐化更為盛行。賣國賊們陰謀破壞軍隊。他們處理軍隊事務，不是愚蠢無知，就是顢頇無能，結果使埃及變成了一個沒有軍隊保護的國家。為此，我們採取了淨化自己隊伍的行動，讓那些在能力、程度和愛國心等方面都為我們信得過的人，來擔負我們軍隊的領導工作。全埃及一定都會以喜悅的心情來歡呼這一消息。

至於根據我們的意見而被拘留的那些在前軍隊中工作的人員，他們決不會受到傷害，並將在適當的時候被釋放。我向埃及人民重申，今天，整個軍隊正在根據憲法無私地為祖國的利益而效勞。藉此機會，我要求人民決不寬恕任何賣國賊的破壞和搗亂，因為賣國賊的這些行徑不符合埃及的利益，任何諸如此類的活動，都將受到空前嚴厲的懲辦，肇事者都將立即作為賣國賊論處。軍隊將協同警察執行此項任務。我還保證，我們的外國兄弟們的利益、人身安全和財產不受侵犯，軍隊將對他們負責。真主保佑一切順利。

全國人民得知開羅起義勝利的消息後，紛紛舉行集會和其他慶祝活動，法魯克國王成了甕中之鱉。26 日，當起義部隊的裝甲兵團開進亞歷山大里亞時，渾身顫抖的法魯克國王含淚在退位詔書上簽了字。起義指揮部決定將國王驅逐出埃及。當天晚上六點鐘，國王和他的妻子、兒女，帶著幾十件行李，乘坐「首都號」遊艇離開了埃及，到義大利定居。起義指揮部發表《告人民書》，宣告君主統治埃及的歷史已經結束，埃及革命已經成功。納塞在

回憶當時的情景時說道：

> 1952 年 7 月 26 日是我感到自豪和永誌難忘的日子。在這一天，我內心充滿了喜悅和幸福，而這一天裡最幸福的時刻莫過於法魯克在「退位詔書」上簽字的時候。他的簽字有幾個意義：第一，它確認革命已告成功，並已站穩腳跟；第二，它意味著一個時代的結束和另一個時代的開始，即黑暗時代的結束和我們夢寐以求的光輝時代的開始；第三，它意味著君主制度的滅亡和共和國的開始。共和國的成立儘管是在以後才正式宣布的，但實際上應該算是那時開始的。這個幸福的日子還有第四個意義，就是長期受壓抑，被剝奪了一切權利，連鳴冤訴苦的權利都被剝奪了的人民，能夠在那個時刻自由地大聲地向暴君呼喝：「滾出埃及去，埃及是我們的祖國。」所有這一切，都在這個可愛的日子裡實現的。所以，我把這一天算作我一生中最幸福的日子，是並不奇怪的。

七月革命後，自由軍官組織執委會已改組為「革命指導委員會」，並掌握了政權。其施政綱領為納塞所擬定的「六項原則」，即剷除帝國主義和他們的代理人；消滅封建勢力；消滅壟斷，結束資本對政權的控制；建立社會公正；建立一支強大的愛國軍隊；建立健全的民主生活。根據這一綱領，新政府沒收了王室的大量土地，取消了社會等級和貴族稱號，廢除了維護王室利益的 1923

圖 39：納塞總統

年憲法，並對腐敗的國家機構進行了整肅。1952 年 9 月，埃及政府頒布了第一個《土地改革法》，對地主占有土地的數量進行了規定。1953 年 6 月 18 日，埃及正式宣布廢除君主政體，成立埃及共和國。納吉布任共和國總統兼總理，納塞任副總理與內務部長。翌年 4 月納塞取代納吉布擔任總理。

　　1956 年 6 月 23 日，埃及舉行公民投票，通過了新《憲法》。新《憲法》除序言外分為六章，共一百九十六條。《憲法》的主要內容如下：第一，埃及是一個獨立自主的阿拉伯民主共和國，伊斯蘭教是埃及的國教，阿拉伯語是埃及的官方語言；第二，埃及社會的基礎是團結與穩定。國民經濟應當以社會正義的原則為基礎、以增加生產和提高生活水平為目的。私營企業是自由的、受法律保護的，但不得損害社會利益和人民安全；第三，埃及全體人民不分民族、出身、語言、或宗教信仰，在法律之前一律平等。憲法保證其公民的人身、居住、言論、新聞、出版、通信、宗教信仰、集會結社、遊行示威等權利；第四，總統為國家元首，由

全國公民投票選舉，任期六年。立法權屬於國民議會，議會由在普選中以不記名投票方式產生的議員組成，議員任期五年。國民議會設議長一人，副議長二人；第五，總統和議會都有權要求修改憲法；但修憲提案至少應有三分之一議員簽署，經國民議會三分之二多數通過，再交公民投票作最後決定；第六，規定了埃及的首都和國旗。根據新《憲法》規定的程序，納塞由國民議會選為總統。新《憲法》的通過標誌著埃及人民完成了一項重要的歷史任務，使獨立、自主、共和的埃及國家得到進一步鞏固。

埃及革命的領導人納塞是一位具有遠見卓識的民族主義者。他當政期間，一直堅持反帝反殖，奉行和平中立的外交政策，積極發展民族經濟，為埃及的獨立與富強做出了不可磨滅的貢獻。納塞統治下的新埃及不僅使非洲覺醒，更使阿拉伯世界生輝。特別是蘇伊士運河事件之後，納塞的聲音更為成千上萬的人所迷醉。1956年7月7日，納塞當選為阿拉伯埃及共和國的總統，這標誌著埃及結束了長達三年的由「革命指導委員會」執政的「過渡時期」，開始正式建立議會制政府。納塞作為一顆燦爛奪目的政治彗星而被載入阿拉伯世界的史冊之中。正是歷史的洪濤巨浪把這位年僅三十九歲的政治家「猛然推向了伊斯蘭之首位」。

第三節　運河風雲

蘇伊士運河一直是帝國主義國家在中東爭奪的重要目標，運河修通之後，巨額的財富源源不斷地流入英法資本家的荷包之中。

例如，1955 年運河利潤為 1 億美元，而埃及只能分得 300 萬，僅占總額的 3%。七月革命後，為了擴大灌溉面積，增加發電量，埃及政府決定在尼羅河中游建造亞斯文高壩 (Aswan High Dam)。納塞把高壩建設比作埃及的新金字塔，因為這項工程啟用後，可使埃及的國民收入增加四分之一。建壩工程需耗資 10 億美元。英法和世界銀行起初同意貸款，但因埃及拒絕其苛刻的附加條件，英、法便宣布撤回「援助」承諾，世界銀行的貸款也隨之取消。納塞氣憤地說：「不是撤銷援助，這是對我們政權的進攻」、「即使我們只能用雙手來挖土，我們也要把它造起來」、及「永遠不會向美元和武力屈服」。為尋找新的經費來源，納塞政府推出了一個重大決策，決定把蘇伊士運河公司收歸國有，用運河的收益來建造水壩。

　　1956 年 7 月 26 日晚，在埃及亞歷山大港的曼奇亞廣場上，二十五萬群眾正在舉行推翻法魯克王朝四週年的慶祝活動。納塞發表了鼓舞人心的演說，莊嚴宣告埃及要將蘇伊士運河公司收歸國有，公司財產移交埃及，運河航運由埃及負責。納塞說：「同胞們，今天蘇伊士運河國有化了。我們是用自己的汗水和眼淚，用烈士們的英靈以及一百年前為開發運河而喪生的勞工們的生命為代價而獲得今天的勝利。」「埃及人民收回了應當屬於自己的東西。蘇伊士運河將支持亞斯文水壩所需要的費用，而且還能綽綽有餘。我們將繼續我們的勝利，建立一個在政治上和經濟上真正獨立的新國家。」數十萬群眾發出了熱烈的歡呼聲。埃及政府在為蘇伊士運河國有化而發布的說明書進一步闡明了運河國有化的

合理性、合法性與可行性。

埃及政府這一維護民族獨立和國家主權的措施，得到了阿拉伯國家和世界人民的廣泛支持，也遭到了英法等資本主義國家的拼命反對。英國首相艾登（Robert Anthony Eden，西元 1897～1977 年）暴跳如雷，他叫囂道：「埃及政府要把蘇伊士運河收歸國有的專橫決定，損害了許多國家人民的利益。英國政府正在同其他有關國家的政府，就國有化所造成的危險局勢進行磋商。」「假如納塞的運河國有化行動得逞了，那麼我們在日常生活所需要的東西都將仰人鼻息。」他聲稱：「運河的前途關係到大英帝國的命運，即使需要訴諸武力，也在所不惜。」法國政府也採取各種方式向埃及施壓，要求埃及放棄國有化主張。美國報刊則評論說：「埃及把蘇伊士運河公司收歸國有，標誌著殖民歷史時代的終結」。

8 月 2 日，英法拉攏美國發表聯合聲明，說運河「始終具有國際性質」，理應受到「國際管理」，否認埃及對運河的主權。英法美等國還召開了倫敦會議，討論蘇伊士運河問題。由於與會國分歧很大，會議未能達成一致意見。與此同時，英法把大量的海、空、陸軍集結到地中海東部，凍結埃及在本國銀行的存款，並指使本國商船通過埃及時不向埃及政府繳納通行稅，以此對埃及進行軍事威脅和經濟制裁。9 月 23 日，英法將運河問題提交聯合國討論，因種種原因安理會否決了英法要求埃及接受國際管理的方案。10 月 13 日，安理會通過了六項原則，內容包括尊重埃及主權、保證自由通航等。英法的「國際共管」企圖宣告失敗後，便策動以色列，制定了聯合入侵埃及的計畫。

圖 40：亞斯文高壩建築情形

1956 年 10 月 29 日，以色列出動四萬五千名軍隊，在英法空軍的掩護下兵分四路，對西奈半島發動全面進攻。埃及立即宣布全國總動員，駐紮在運河區的埃及裝甲部隊開往西奈半島迎戰。10 月 30 日，英法藉口「保護」運河，向埃及發出最後通牒，要求埃以雙方停火，各自從運河區後撤 10 公里，由英法軍隊進駐運河區，並限令埃及在十二小時以內作出答覆。當天深夜，納塞總統斷然拒絕了英法的無理要求。31 日，他發表聲明，表達了埃及人民絕不屈服、堅持到底的決心。他說：「我們要戰鬥，我們決不

投降」，「埃及人民將為每一寸埃及的土地戰鬥到底」。同一日，英法出動大批飛機對開羅、亞歷山大里亞、塞得港、蘇伊士運河等地區進行狂轟濫炸，與此同時，還出動一百多艘軍艦，調動十六萬兵力，企圖一舉占領埃及。英法入侵後，埃及一方面斷絕同英法的外交關係，查封英法在埃及的銀行，接管它們在埃及的石油企業。另一方面，納塞下令從西奈半島撤軍，集中保衛運河區，粉碎敵人兩面夾擊的陰謀。11月5日，英法軍隊進攻塞得港，企圖打開進入埃及的通道，遭到埃及人民頑強抵抗。埃及人民的英勇行為博得了世界人民的同情與支持。一些阿拉伯國家斷絕與英法的外交關係，切斷英國石油公司的油管，炸毀油庫，封鎖領空和機場。許多亞非國家在聯合國大會上譴責英、法、以的侵略行為。11月7日，中華人民共和國政府亦發表聲明，要求英、法、以停止對埃及的侵略。英法兩國人民也掀起了強大的反戰運動，倫敦市民舉行了抗議集會，甚至衝向首相官邸，與警察發生衝突。為此，聯合國召開緊急會議，美國也主張停火，杜勒斯在聯大會議上遞交了立即停火的提案。11月2日，聯大通過了這一提案。蘇聯政府也於11月5日向英、法、以發出通牒，使得侵略者陷入了空前孤立的境地。到了1956年11月6日下午五時，英、法、以被迫宣布停火。12月3日，英法從埃及撤軍，22日全部撤走。以色列占領軍也於1957年3月8日撤離西奈半島，退回到1949年的停火線。聯合國緊急部隊進駐加薩地帶、沙姆謝伊赫和亞喀巴灣沿岸地區。4月10日，遭到戰火破壞的蘇伊士運河在埃及政府的管理下全部通航，埃及人民收回運河主權的鬥爭取得了完全

的勝利。這一勝利體現了埃及人民把爭取經濟獨立與鞏固和發展政治獨立的鬥爭結合在一起，也鼓舞了非洲各國人民為自由、獨立而戰的勇氣和信心。

第四節　納塞政府的內政與外交

為了打破外國資本對埃及經濟的控制，發展民族工業，納塞上臺後採取了強硬的國有化措施。繼蘇伊士運河國有化之後，全面國有化運動大規模展開。1956 年 11 月，埃及政府把英國、法國、澳大利亞的銀行和公司全部接收。1957 年 4 月，外國人開辦的電話、電報、無線電廣播等電訊企業被收歸國有。與此同時，政府逐漸控制一些影響國計民生的大中型企業、銀行業、保險業、對外貿易和運輸業，打擊舊勢力，並實行計畫經濟。在 1961～1965 年的第一個五年計畫期間，國家投入了 3 億多埃鎊發展經濟，尤其是增加了對亞斯文高壩的投資，第一期工程於 1964 年完工。1970 年，集防洪、灌溉、發電於一體的亞斯文高壩正式竣工，制伏了尼羅河，造福於埃及人民。

在農業方面，納塞推行土地改革與合作化的道路。根據 1952 年的《土地改革法》，每人占有土地的限額在二百費丹以內，多餘土地通過徵購賣給無地或少地的農民。1961 年，政府把土地最高限額降到一百費丹以內，大約有一百萬費丹的土地被徵購。1969 年，政府又對個人占有土地的情況作了一些限制，從而使更多的缺地農戶得到了土地，提高了農民的積極性。為了實現納塞的「阿

拉伯社會主義」理想，土改之後，政府鼓勵農民組織合作社，重視農業投資與良種的培育，並規定農業工人的最低收入，農民的生活因而有所改善。

在教育方面，納塞大力提倡現代教育，擴大教育規模。1952～1970 年間，埃及各類學校的學生人數大幅增長，其中，初等學校的增長率為 198%，中學為 64%，中等職校為 741%，師範為 26%，大學為 325%。

在社會福利方面，納塞政府規定每日七小時工作制和最低工資標準制，規定企業要把營利的 25% 發給員工，實行公費醫療、養老金制以及生活必需品的價格補貼等。

納塞時期，埃及的經濟獲得了很大的發展。國內生產總值在 1951 年到 1970 年間增長了九倍多，國民平均所得由 1951 年的 7.06 埃鎊，增加到 1970 年的 96 埃鎊。在所有經濟部門中發展最快的是工業，工業產值在國內生產總值中比重，從 1952 年的 15% 提高到 1970 年的 28%。1957～1967 年間，埃及建立了大約八百間工廠企業，尤其是冶金、機械、石油、化學工業發展迅速。但是，1967 年之後，埃及經濟出現了停滯不前的局面，其主要原因在於大範圍的國有化運動損傷了中小企業的積極性；片面發展重工業，造成農工業產值相差過大；中央政權過多地干預經濟活動，使企業缺乏活力；國營部門經營不善，效率低下等。

在外交方面，納塞主張在美、蘇兩大陣營之間保持中立，反對各種形式的霸權主義。1955 年萬隆會議上，納塞提出了積極中立政策，並與蘇卡諾、尼赫魯等亞非國家領導人一起提出求同存

異、和平共處的外交思想，在會議上發揮了重要作用。此後，埃及推行了比較務實的外交策略，一方面密切發展與中國、蘇聯等社會主義國家的關係，另一方面，又和西方國家加強合作，尤其是從西德、美國獲得了大量的經濟援助。1956 年 7 月，納塞和鐵托、尼赫魯在南斯拉夫舉行會談，並發表《聯合公報》，反對參加大國軍事集團，強調亞非國家的外交獨立。1960 年代以後，納塞積極發起不結盟運動，1964 年 10 月，在開羅承辦了有四十二個國家參與的第二次不結盟會議，通過了《和平與國際合作綱領》。綱領指出：「不廢除帝國主義、殖民主義和新殖民主義，就不能在全世界充分實現和平共處。」會上首次提出了建立「國際經濟新秩序」的問題。透過不結盟運動這一新的國際論壇，提高了埃及在第三世界的地位。

納塞強烈的民族主義思想影響了整個阿拉伯世界，他在 1954 年出版的小冊子《革命哲學》(The Philosophy of Revolution) 中，就明確地意識到了埃及獨特的國際地位。他認為，埃及處於阿拉伯圈 (Arab Circle)、非洲圈 (African Circle) 和伊斯蘭圈 (Islamic Circle) 的交會點，也是反對西方殖民主義的重心。所以他極力主張發揮埃及在阿拉伯世界中的特殊作用，倡導阿拉伯統一運動。1945 年 3 月，由伊拉克、敘利亞、黎巴嫩、埃及、沙烏地阿拉伯、外約旦和葉門七國組成的阿拉伯聯盟（簡稱「阿盟」）在納塞時代更加活躍，阿拉伯國家相互協作，一致對抗以色列和英國、法國這兩個老牌殖民國家。1955 年納塞把蘇聯勢力引入中東。1956 年蘇伊士運河戰爭的勝利使納塞成為阿拉伯世界的英雄，開

羅「空前未有地成為阿拉伯世界的中心，成為席捲中東和北非沿岸新民族主義的源泉」。為了與巴格達公約組織相對抗，1956 年初，埃及、敘利亞和沙烏地阿拉伯組成軍事聯盟。1958 年 2 月 5 日，埃及和敘利亞實現統一，組成阿拉伯聯合共和國（簡稱「阿聯」），由納塞任總統、庫瓦特利為副總統。3 月 15 日，共和國通過了新憲法。阿拉伯聯合共和國的建立在阿拉伯世界引起了震動，被認為是阿拉伯統一運動的真正起點。由於在國有化問題上產生嚴重分歧，再加上激烈的黨派之爭，1961 年 9 月 28 日，敘利亞復興黨發動政變，宣布脫離「阿聯」，阿拉伯聯合共和國瓦解，使得納塞的阿拉伯統一理想受挫，他自稱這是他一生中感覺最壞的一天。不可否認，在阿拉伯統一運動中，作為領導人的納塞過分強調了自己的思想意識，過度地把埃及的意志強加於其他國家，開羅的「阿拉伯之聲」廣播電臺不斷把一些國家列入「帝國主義及其代理人」的行列，從而加劇了阿拉伯世界的固有矛盾。

在對待以色列問題上納塞採取的是不承認、不談判、不和解的「三不政策」。在 1967 年的「六‧五戰爭」中，埃及、敘利亞、約旦三國遭到慘敗，埃及痛失西奈半島。戰爭給納塞造成了沉重的精神打擊，在強烈的贖罪情緒下，他曾請求辭職。戰爭的失敗也暴露了納塞教條照搬蘇聯模式的弊端。蘇伊士運河戰爭以後，埃及在軍事裝備上一律仿效蘇聯，西奈半島上從坦克到士兵的鞋帶全部是蘇聯式的，以致於出現極其荒唐的情況。田上四郎在《中東戰爭全史》中寫道：「明明是在沙漠中使用，（埃及）坦克卻具有兩棲能力；明明是在炎熱地區，卻有除雪裝備；明明是

在見不到一棵樹木的沙漠作戰，卻裝備有動力伐木鋸；沙漠裡根本沒有河流，坦克卻載著浮橋。反之，沙漠作戰不可缺少的推土機以及坦克運輸車輛卻全然沒有裝備。」「六·五戰爭」以後，埃及獲得了蘇聯更多的軍事援助，裝備了更先進的蘇聯式武器。1968 年秋開始，埃及對以色列發起了一場為期三年的「消耗戰」，其結果是兩敗俱傷，只是埃及所蒙受的經濟損失遠遠超過了以色列。在騎虎難下之際，1970 年 6 月美國國務卿羅傑斯提出了《羅傑斯計畫》，納塞表示接受。1970 年，「黑九月」事件發生，納塞積極斡旋，由於精神抑鬱，再加上勞累過度，心臟病突發，不幸逝世，享年五十二歲。不少史學家，把納塞比作穆罕默德·阿里，他的確和穆罕默德·阿里一樣使埃及在中東諸國中脫穎而出，鶴立雞群，自己也成為力量和權力的象徵。但是，「納塞與穆罕默德·阿里也不盡相同，作為兩千多年的歷史中，第一位統治埃及的埃及本地人，納塞充滿了對祖國的熱愛。他是第一位真正發展了阿拉伯統一這一信念的埃及人，在這一運動中，他認識到了埃及應該自然而然地成為領導者。他試圖使埃及走向現代化、工業化，實現社會和經濟改革，其目的是要為埃及人民創造一個教育程度更高、更公正的社會，並增強埃及的國力，使長期處於恥辱地位的埃及人民獲得了新的自豪感、尊嚴感，而這些自豪感和尊嚴感決不會因納塞的下臺而蕩然無存」。許多埃及人一直記得納塞在 1954 年逃過一次暗殺活動之後所說的一句話：「如果我死了，你們都是加麥爾·阿卜杜勒·納塞。」

第六章 | *Chapter 6*

再創奇蹟：
薩達特時代

第一節　薩達特其人

　　1970 年 9 月 28 日納塞病逝的消息在阿拉伯世界引起了驚心動魄的反應，埃及人民痛苦地哭喊：「雄獅死了！雄獅死了！」在舉國悲痛之時，身為副總統的薩達特正式當選為埃及總統，擔當起了治國安民的歷史重任。

　　安瓦爾・薩達特（Mohamad Anwar al-Sadat，西元 1918～1981 年），出生於尼羅河三角洲曼努菲亞省的邁特阿布庫姆村。早在幼年時代，就常常聽祖母講述埃及民族英雄抗英的事蹟，很小就具有正義感與愛國之心。中學時代，他最崇拜的人物是「土耳其之父——凱末爾」，他把描述凱末爾事蹟的《灰狼》一書視為珍寶，稱這本書為他「展示了一個光輝燦爛的世界」，並決心「像凱末爾那樣，在未來的歲月中借助軍隊趕走英國人」。薩達特心目中的另一位英雄是聖雄甘地，他不止一次地被新聞傳媒中所報導

圖41：戎裝的薩達特

有關甘地的抗英事蹟所感動，並脫掉了他的埃及服裝，剪短了頭髮，模仿起甘地的形象來。1936 年，薩達特從阿里夫中學畢業後，報考了埃及軍事學院。1938 年 2 月畢業後，被授予埃及陸軍少尉軍銜，在通信部隊任職。從這時起他就積極投身於反對帝國主義統治的民族民主運動，並結識了納塞，在納塞的鼓勵與支持下，薩達特於 1939 年參與了祕密的 「自由軍官組織」，提出了「為埃及而進行組織和行動」的口號，宣傳埃及獨立的思想。同年 9 月，在一封寫給朋友的信中，薩達特說道：

> 誰能重建祖國，從而使受欺凌的、軟弱的埃及人重新站起來，繼續過著獨立自由的生活？尊嚴和愛國情操都跑到那裡去了？青年人的活動在那裡？人們說，埃及人是傻瓜，

只要有個風吹草動，就把他們嚇壞了。埃及人需要一位統帥，領導他們去為祖國而戰鬥。我曾經多次說過，我們將喚醒整個民族，但是，遺憾的是，至今什麼事情還都沒有發生。

由於從事反對英國統治的運動，他於 1942 年被捕並被開除軍籍。1944 年 11 月越獄成功之後，繼續進行反英鬥爭。1946 年 1 月，埃及人謀殺了親英分子、埃及財政大臣阿明‧奧斯曼，薩達特涉嫌此案，再次被捕入獄。坎坷的經歷，痛苦不堪的獄中生活磨鍊了薩達特的意志，使他成為更堅定的民族主義者、愛國主義者，他把自己的命運與民族解放的大業聯繫在一起，他說：「沒有祖國的解放，個人又怎能獲得解放呢？」

1948 年 8 月，薩達特獲釋，在納塞的極力幫助下，於 1950 年重新入伍，恢復了上尉軍銜。1951 年通過晉升考試升為中校。同年，他成為自由軍官組織「創建委員會」委員，積極參與推翻法魯克王朝的秘密活動。1952 年「七月革命」爆發時，薩達特擔任革命指導委員會負責宣傳工作的委員，革命成功之際，他代表自由軍官組織向埃及人民發布了第一個聲明，也向全世界莊嚴宣告：法魯克王朝已被推翻，埃及從此獲得新生。1953 年，薩達特擔任政府機關報《共和國報》主編。1954 年 9 月起，先後任國防部長、埃及伊斯蘭大會主席、民族聯盟總書記、國民議會副議長、國民議會議長等職務。1961 年任亞洲團結委員會主席。1962 年 9 月任總統委員會委員，1964 年任副總統。1968 年兼任阿拉伯社會

主義聯盟最高執委、政治事務書記。1969 年 12 月被任命為唯一
副總統。1970 年 9 月納塞病逝後，任臨時總統。10 月 15 日通過
正式選舉當選為總統，並兩度兼任總理。

第二節　卓有成效的內政改革

　　薩達特上臺後，針對納塞時期的體制進行了一系列大刀闊斧
的內政改革，並取得了一系列成效，使國家的政治、經濟和社會
生活朝著民主化、多樣化的方向發展。

一、政治改革

　　薩達特繼任總統後，十分注重建立、健全國家法制，1971 年
9 月 11 日，埃及頒布了《永久憲法》，後來又相繼頒布了一系列
法律、法案和條例，把法律主權和司法獨立作為國家政權的基礎。
《永久憲法》共分六章一百九十三條，其內容如下：

　　第一章：「國家」。規定埃及是一個具有民主和社會主義制度
的阿拉伯共和國，「這一制度是建立在勞動人民聯盟基礎之上的，
並且導源於國家的歷史傳統和伊斯蘭教精神；埃及人民是阿拉伯
民族的一部分，努力實現阿拉伯民族的全面統一；伊斯蘭教是國
教；阿拉伯語是官方用語；國家保護一切宗教的信仰自由和履行
宗教儀式的自由；主權僅僅屬於人民，權力來源於人民，人民行
使和維護主權；法律權威是國家實行統治的基礎；法官的豁免權
獨立是保護各種權利和自由的基本保證；阿拉伯社會主義聯盟是

政治組織，是代表農民、工人、士兵、知識分子和民族資產階級的勞動人民力量聯盟。」

第二章：「社會的基本要素」。規定埃及社會的核心組織是家庭，男子與婦女在政治和社會權利上是平等的，埃及共和國的經濟基礎是「建立在富裕和正義，以防止剝削、謀求消除階級差別的社會主義制度上；人民支配一切生產手段，並按照一個全面的發展計畫管理國家經濟，這個計畫限定阿拉伯資本和外國資本的影響；財產只有按照法律在與公平報償相抵觸的情況下才加以沒收；國有化也只有按照法律，為了考慮公共利益或社會主義宗旨的情況下才加以實施；農業方面的所有權可依法限制；國有企業在國民經濟發展中承擔著領導的作用」。

第三章：「民眾的自由、權利和義務」。規定全體公民在法律面前一律平等，享有一系列不可剝奪的民主權利與人身自由，尤其強調要保護埃及在輿論、出版、新聞宣傳以及和平集會的自由。

第四章：「法律至上」。對一系列犯罪行為及其懲罰作了詳細的說明，維護了法律的尊嚴性、強制性與神聖性。

第五章：「政府體制」。規定埃及實行總統共和制，總統作為國家元首、最高行政首腦，將根據《憲法》和有關法律來維護人民的權利、維護國家統一和安全。總統由全民選舉產生，任期六年，可連選連任，屆數不限。總統候選人必須誕生在埃及，擁有埃及公民權和政治權利且年齡在四十歲以上。總統候選人必須由議會提名，提名必須獲得三分之二議員的支持，然後才舉行公民投票。總統的權限是：可以任命或罷免一名或多名副總統；任命

總理、副總理、各部部長、副部長，有權召開並參加內閣會議，發布具有法律效力的有關法規和規定；經議會批准後，宣布國家在短期內進入緊急狀態；總統為武裝部隊最高統帥，經議會批准後，宣布進入戰爭狀態；締結和約，有關涉及國家主權的條約，例如和平條約、結盟條約、海事條約等必須經過議會批准。

政府是國家最高行政管理執行機構。政府成員包括總理、副總理及各部正副部長，正副部長以上的官員應擁有埃及公民權和政治權利，且年齡在三十五歲以上。政府的主要職責是：根據《總統法》等相關法令，協助總統制定國家總體政策並督促其貫徹實施，指導、協助、監督各部委和有關組織機構的工作；根據有關法律頒布總預算草案；根據有關法律規定，簽訂條約、批准貸款並維護國家安全與國家利益。根據《憲法》人民議會行使立法權，議會五年選舉一次，主要職權是提名總統候選人，制定或修改《憲法》，確定國家大政方針及有關國計民生的重要提案，議會至少由不少於三百五十名被選出的議員組成，其中有一半是工人和農民。選舉方式為直接、無記名投票，總統有權直接任命部分議員，數目不得超過十人。議員任期五年。

第六章：總的過渡性條款：規定修改《憲法》的有關程序。

1980 年 4 月 30 日，人民議會通過《憲法修正案》，對《永久憲法》進行了補充和修改；5 月 22 日經過全民投票表決通過，主要內容是：1.埃及的政治制度是建立在勞動人民力量聯盟基礎上的社會主義的民主制度。2.政治體制建立在政黨多元化基礎之上，阿拉伯社會主義聯盟被廢止。 3.伊斯蘭教為國教。伊斯蘭教是立

法的主要源泉。 4.總統可以連選連任多次。 5.設立協商會議。協
商會議由二百五十八人組成，其中三分之二由無記名投票選舉產
生，至少半數以上來自工農；另三分之一，由總統直接任命。協
商會議任期六年，其半數成員第三年更換一次。 6.設立最高新聞
委員會，保證新聞自由，阻止政府的新聞檢查，保護新聞記者的
利益，調查和懲處不遵守職責的新聞工作者。 7.堅持伊斯蘭教法
庭的審判權；基督教徒和猶太教徒在私人事務方面則服從於他們
自己的宗教法庭的審判。 8.在埃及不存在種族和宗教的差別。

　　實現從一黨制向多黨制的轉變，是薩達特的一大重要舉措。
納塞於 1953 年 1 月曾公布了解散一切政黨並沒收其全部財產的
決議。 薩達特執政後於 1975 年 7 月決定在阿拉伯社會主義聯盟
內部建立「多論壇」，進行「民主對話」，逐漸向多黨制過渡。
1977 年 3 月，薩達特同意成立三個「論壇」，分別代表左中右三
種勢力。6 月 14 日人民議會經過兩個多星期的辯論通過了《政黨
組織法》，確立了如下原則：所有埃及人均有成立政黨的自由，但
政綱不得違背伊斯蘭教義，不得有損於社會安定與團結。同年年
底阿拉伯社會主義聯盟改組為三個政黨：即「民族進步統一集團
黨」、「埃及阿拉伯社會主義黨」、「自由社會主義黨」。新華夫脫黨
也宣布成立。1978 年，薩達特組建了新的政黨──民族民主黨，
由薩達特任主席，宗旨是實現埃及繁榮和人民幸福，建立一個公
正、團結、民主的「社會主義社會」。伊斯蘭教、阿拉伯民族主義
和以埃及古代文明為基礎的「民主社會主義」是該黨的基礎。在
1979 年 6 月的議會選舉中，民族民主黨在三百七十二個議席中獲

得了三百三十個席位，成為執政黨。

　　此外，薩達特還宣布釋放納塞時期關押的政治犯，提倡言論自由、出版自由，取消新聞檢查，埃及政治與社會生活朝著民主化方向發展。

二、經濟改革

　　納塞執政時期，埃及過分強調國營經濟，頒布了一系列國有化的法律。「任何自由的活動都成了可惡的資本主義行為，私營企業都成了剝削與強盜行徑，個體的積極性完全喪失了，從而給人民帶來了可怕的消極情緒，……它使國家——除去計畫和內政、外交的行政管理之外——缺乏雞蛋，缺乏雞，缺乏數百種生活必需品的供應。」

　　薩達特大膽地調整了國民經濟發展戰略，在發展國家資本的同時，放寬了對私營企業的限制，鼓勵其發展；改變計畫經濟模式，對外實行經濟開放政策，吸引外資，引進先進技術；強調以農業為基礎，實現國民經濟的全面發展。1971年，埃及頒布了《阿拉伯和外資投資法》，但由於戰爭等原因並未認真實施。1974年，埃及政府頒布了43號法令即《阿拉伯和外國資本投資及自由區法》，明確規定對外資不實行國有化，不沒收，不凍結，不強行監護，投資者可享有一系列優惠政策，鼓勵外國資本同埃及政府或私人企業合資辦廠，允許外國銀行在埃及進行金融活動，在亞歷山大里亞、塞得港、蘇伊士和開羅等城市的指定地區為外資開闢自由貿易區，在貿易法規、關稅等方面改採靈活政策，進口原

料和出口製成品只收 1% 的關稅。從 1974～1980 年間，美國、西德、法國、日本等國在埃及的投資項目達到一千兩百多個，投資總額為 70 億埃鎊，私營經濟所占比重也由 1974 年的 4.3% 增長到 1978 年的 13.2%，石油、僑匯、旅遊和運輸成為重要的收入來源。

　　薩達特的經濟改革取得了明顯的成效，埃及經濟發展快速增長，1977 年經濟增長率為 7.3%，1980 年達到 9%，同年人均國民生產總值達到 580 美元。但是，埃及在實現計畫經濟到市場經濟的轉化過程也出現了一系列問題，如消費增加過快、進口失控、外債過重，不法商人、大資本家巧取豪奪，大發橫財，社會分化嚴重，廣大人民的實際生活水平提高有限等等。

三、外交新舉措

　　納塞時代，在特殊的國際背景下，埃及與蘇聯的關係十分密切，除蘇聯之外，埃及幾乎沒有其他的盟友，蘇聯勢力滲透於各個領域，嚴重地干涉了埃及內政。納塞逝世後，以阿里‧薩布里為首的親蘇勢力企圖控制國家政權，取薩達特而代之。薩達特在掌握了證據之後，於 1971 年 5 月 15 日先發制人，解除了阿里‧薩布里以及國防部長穆罕默德‧法齊、內政部長戈馬等人的職務，並改組了內閣、議會、社盟等機構，這一事件被稱為「第二次革命」。薩達特認為，這一舉措不僅僅是為了爭取外交上的獨立，而且是對「七月革命」的一次修正，因為正是在上述勢力的支持下，埃及形成了一言堂、家長制的生活作風。他指出，「我們必須擺脫

這些權力中心所造成的影響；多年來，這些權力中心一直像夢魘一樣壓迫著人們的胸膛，戲弄著人們的命運，在埃及人的心靈中播種恐怖，廢弛正義，散播仇恨，使人飽嘗各種難以忍受的迫害與折磨，剝奪了人們生活中最重要的東西——自由。」薩達特儘管對蘇聯勢力的滲入極其不滿，但為了得到蘇聯的新式武器，在他上臺的一年之內四次訪蘇。1971 年 5 月還與蘇聯簽訂了為期十五年的《埃蘇友好合作條約》。但直到年底，蘇聯答應提供的新式武器仍然沒有運到埃及。1972 年 7 月 8 日，薩達特向蘇聯駐埃及大使維諾格拉多夫宣布了以下決策：結束蘇聯軍事顧問和專家在埃及的使命。同時，讓埃及國防部下達命令辭退全部蘇聯軍事專家約一萬五千人，要求他們一週之內返回蘇聯，蘇方的設備（包括米格 25 型飛機、電子偵察站等）可以賣給埃及，也可以撤走。對於這件事情薩達特的解釋是：

> 我做出這樣決定的最重要的原因是，我想使蘇聯人恢復到一個友好國家的應有的正常地位。因為他們長期以來，認為埃及已經變成了他們口袋裡私有的了，以至全世界以為蘇聯是我們的監護人。然而，我想對蘇聯人說，埃及的意志只能來自埃及自身；我想對世界說，我們的事務只能操在我們的手中。誰想談埃及的問題，誰就到我們這裡來同我們談，而不是同蘇聯人談。

　　1972 年 8 月 30 日，薩達特在致蘇共第一書記布里茲涅夫的

機密信中進一步闡明了自己的立場。他說：「蘇聯人民在二戰期間為了維護自己的尊嚴，他們沒有吝嗇任何東西。因此，這就毫不奇怪：埃及的阿拉伯人同樣期望著解放自己的土地。他們準備為此作出全部犧牲，不論其代價如何。」此後，埃及與蘇聯的關係進一步疏遠。1976 年，埃及宣布廢除《埃蘇友好合作條約》，取消了蘇聯軍艦使用亞歷山大里亞港的權利。1977 年 10 月埃及禁止向蘇聯出口棉花。1978 年，關閉了蘇聯在開羅的文化中心和在亞歷山大里亞、塞得港、亞斯文的領事館。1981 年 9 月，由於蘇聯外交人員在埃及從事間諜活動，薩達特驅逐了蘇聯大使和六名外交官。上述舉措維護了埃及的主權，深得本國人民的擁護。

　　1952 年革命之後，埃及與美國的關係一直很緊張，1967 年第三次中東戰爭後，埃及宣布與美國斷交。薩達特上臺後，全力改善與美國的關係，1974 年 2 月兩國恢復了外交關係。從 1975 年起，薩達特多次訪問美國，兩國關係進一步密切。1979 年《埃以和約》簽訂，美國每年向埃及提供 20 多億美元的經濟和軍事援助，埃及成為中東地區僅次於以色列的第二大美援受援國。

　　與此同時，薩達特還全力改善同伊朗、沙烏地阿拉伯、印度等國的關係，使埃及擺脫外交孤立的局面。薩達特還多次訪問蘇丹，同蘇丹簽署了《一體化條約》、《兄弟憲章》和《聯合防禦協定》等重要文件，成立了兩國部長及最高聯絡委員會，加強了雙方在經濟、文化、旅遊等方面的合作。

第三節　十月戰爭

　　「六‧五」戰爭之後，阿拉伯世界與以色列的關係極其緊張。1967 年的第四次阿拉伯國家首腦會議正式確立了對以色列的三不政策，即不承認、不和解、不談判。阿拉伯國家聲稱要「採取共同的政治和外交行動來消除侵略痕跡，確保以色列軍隊撤出它在 6 月 5 日以後所侵占的阿拉伯領土」。「六‧五」戰爭之後的三年多時間裡，埃及和以色列沿運河西岸展開了一場曠日持久的消耗戰，埃及發動消耗戰的目的是拖垮以色列，使這個面積極小、資源貧乏的國家陷於困境，迫使其歸還被占領土。但是，從消耗戰的結果看，不只是消耗了以色列，埃及的軍事與經濟也都蒙受了巨大的損失。這時，蘇聯也宣布與以色列斷交，聲稱支持阿拉伯國家，美國則全力支持以色列。與此同時，蘇聯又與美國串通一起，阻止阿拉伯國家以武力收復失地，也反對阿、以雙方直接談判，從而製造了「不戰不和」的僵持局面。其目的是：「在有限的阿、以衝突中各支持一方，爭奪勢力範圍，並避免正面衝突。同時，繼續把中東作為銷售軍火、試驗新式武器的場所。而巴勒斯坦人民的合法權利則被拋在一邊。」薩達特本人也明確地感受到美蘇勢力滲透的加強，「在一定程度上使探索和平問題更加複雜化。」

　　1970 年 10 月，薩達特總統提出，1971 年是埃及收回被占領土、恢復巴勒斯坦人合法權利的「決定性一年」，要麼以和平手

段，要麼以武力來解決問題，不戰不和的局面必須打破。由於蘇聯方面沒有兌現關於先進武器的承諾，並全力把自己的意志強加於中東，薩達特在「決定性一年」中沒有任何大的作為。1972 年埃及國內的學生、工人和軍人連續爆發示威遊行活動，要求政府採取強硬措施對付以色列。這種情緒更加促使薩達特政府作出最後決定。10 月 24 日，薩達特召開了埃及最高軍事會議，準備以埃及現有武器向以色列發動一場有目標的戰爭，實現「以戰促和」的目的。在薩達特看來，「如果我們能在西奈半島拿下 10 公分土地，並能站住腳跟不撤退，那麼我們就能改變東方及西方的態度，改變一切，特別是 1967 年失敗後，我們生活於其中的恥辱。渡河到西奈半島，並在那裡堅守將使我們恢復自信心。」

1973 年 1 月，阿拉伯國家軍事首腦會議在開羅召開，商討了對以色列作戰的策略。此後，薩達特利用非洲統一會議和不結盟國家首腦會議所提供的國際論壇，在國際範圍內為戰爭的爆發製造輿論。他在 9 月份召開的不結盟國家首腦會議上說：「戰爭是不可避免的。為什麼呢？因為以色列要戰爭。只要阿拉伯國家拒絕無條件投降，以色列就不會得到滿足。」同時，埃及國內花費了 1.27 億埃鎊用於戰爭準備。埃及、敘利亞經過充分的策劃之後，聯合制定了「白德爾」❶作戰計畫，10 月 1 日，薩達特召集了武裝部隊最高委員會會議，布置了具體的作戰任務，要求所有指揮

---

❶　白德爾為麥地那城西南的一個地方。西元 624 年，穆罕默德曾在此發起突襲，征服了麥加。

官「每個人隨時準備好執行命令」。10月2日，薩達特向埃及總司令艾哈邁德‧伊斯梅爾將軍下達了具體的作戰命令。

當以埃及為首的阿拉伯國家做好作戰準備時，以色列卻依然沉醉在「六‧五」戰爭的喜悅中。當埃及辭退了蘇聯軍事專家之後，以色列方面沒有洞察到中東局勢的微妙變化，只是覺得埃及的作戰能力進一步降低，麻痹情緒進一步上升。9月，當以色列軍隊得知埃及、敘利亞方面已有重大軍事行動的消息後，只是採取了一般性的警戒措施。

1973年10月6日下午一時半，埃及、敘利亞等國向以色列發起突然襲擊，第四次中東戰爭爆發，這次戰爭又叫作「十月戰爭」或「齋月戰爭」、「贖罪日戰爭」（因為10月是伊斯蘭教的齋月，10月6日這天是猶太教的贖罪日）。這一天，埃及集中了二百五十架飛機和四千門大炮，向以軍陣地發起猛攻。二十分鐘之後，以色列在西奈的軍事指揮部、空軍指揮部、雷達中心、飛彈基地、炮臺等遭受到了毀滅性的打擊。六個小時之後，埃及主力約八萬人渡過運河，攻占以軍前沿陣地，突破了「巴列夫防線」❷，從170公里長的戰線上向西奈地區滲透，一星期之後，埃及控制了運河東岸10至15公里的地區。與此同時，敘利亞兵分三路攻擊格蘭高地，收復了大片失地。埃及軍事行動得到了許

---

❷　巴列夫防線長123公里，厚10餘公尺，高17公尺。沿線建立了許多據點，構築了堅固的防禦工事，被以色列稱為不可逾越的防線，該防線因由以色列前總參謀長巴列夫主持修建而得名。

多國家的支持，四十多個阿拉伯國家聲明支持阿拉伯人民的正義鬥爭，十九個國家同以色列斷交。

　　戰爭爆發後的第四天，以色列總理梅厄夫人向美國發出了「拯救以色列」(Save Israel) 的呼救，美國利用最靠近前線的阿里什機場，向以色列運送了大量坦克及各種新式武器，美國實際上已介入戰爭，想通過武力壓制埃及接受停火建議。這時，薩達特估計到埃及的實力，不敢貿然同美國交鋒。薩達特在他的傳記中寫道：「我不怕對抗以色列，但是拒絕同美國對抗。我決不允許埃及軍隊再一次被毀滅。我準備著在我的人民面前，在阿拉伯民族面前為這一決定承擔後果。……形勢並不如國際上想像的那樣。國際上都認為蘇聯是站在我們這一邊的，為了拯救我們，它建立了空中橋樑。但是，實際上並非如此。美國和以色列在正面同我對峙，蘇聯手持匕首，隱伏在我的背後；在我損失了 85% 或 90% 的武器的時候，它每時每刻都可以給我一刀，就像在 1967 年發生的那樣。十分明顯，美國可以利用它新式的巡弋飛彈徹底消滅我們的空中防禦力量，因此，埃及的天空就像 1967 年那樣敞開在以色列人面前。」

　　在初戰告捷的情況下，由於埃及沒有乘勝追擊，擴大戰果，給以色列造成了喘息的時機，以軍重新部署，很快穩住了陣腳，先集中兵力在格蘭高地反擊成功，然後把重兵轉向西奈半島，與埃及軍隊展開了為期四天的坦克戰，埃及損失了二百多輛坦克，六百多士兵，以色列轉敗為勝，戰局向不利於埃及的方向發展。

　　面對複雜的中東局勢，美蘇之間進行了緊急會談，季辛吉與

布里茲涅夫就停火問題達成了一致。在美蘇的操縱下，聯合國安理會於 22 日通過了美蘇聯合捍衛的「關於中東問題就地停火」的 338 號決議。埃及和敘利亞於 22 日和 24 日宣布接受停火協議，以色列雖然於 22 日已表示接受停火，但實際上仍繼續進攻埃及軍隊。23 日攻占蘇伊士城。23 日夜，安理會通過了美蘇第二個聯合停火決議草案，即 339 號決議，要求阿以第二次實現停火，決議案於 24 日凌晨五時生效。24 日，以軍封鎖蘇伊士－開羅公路 101 公里處，完成了對埃及第三軍團的包圍。25 日，以軍攻打蘇伊士城，埃及軍民浴血奮戰，給以軍造成了嚴重傷亡，最後以色列被迫停火。為期十八天的十月戰爭宣告結束。

十月戰爭是第二次世界大戰以後中東地區規模最大的一次現代化戰爭。最新式的美蘇武器都投入了這場戰爭，因而引起了各國政治家與軍事家的關注。十月戰爭的一大特點是兵器的損耗率極高。僅開戰的前三天，埃及消耗彈藥達 2.6 萬噸。不到一週，以色列損失了坦克和飛機三分之一，而敘利亞損失了三分之二的坦克。驚人的武器消耗加劇了交戰雙方對美蘇的依賴。在這場戰爭中，雙方都投入了近百萬兵力，造成了巨大的損失。據統計，以軍死亡二千八百三十八人，傷八千八百人，阿軍死亡八千四百四十六人（埃及五千餘人，敘軍三千一百餘人）。從兵器損失上來看，以色列損失坦克 840 輛，飛機 103 架，而阿方損失坦克 2554 輛（主要是埃及和敘利亞兩國，其中埃及占 1100 輛，敘利亞占 1200 輛），飛機 392 架（埃及占 223 架，敘軍占 118 架）。

十月戰爭，打破了超級大國製造的「不戰不和」的局面，使

圖42：十月戰爭後留下的坦
克遺骸

埃及血洗了1967年戰爭所蒙受的恥辱，恢復了民族自信心，薩達
特被埃及人民稱為「戰爭的英雄」。十月戰爭還促使西方大國紛紛
調整其中東政策，美國也充分認識到了如果一味偏袒以色列，只
能使自己陷於孤立，用季辛吉的話來說：「阿拉伯就會被趕回蘇聯
人的懷抱，石油就會喪失掉，全世界都會反對我們，在聯合國將
沒有一個國家投票贊成我們。」

第四節　營造和平

　　漫長的阿以衝突使雙方積怨很深。阿拉伯國家失去了土地，
大批阿拉伯人流落他鄉，因此，他們信誓旦旦，要與以色列抗爭
到底，討回尊嚴與正義；以色列雖然占據了大片阿拉伯領土，但
總是處於緊張的戒備狀態，任何風吹草動都會誘發衝突與矛盾。
但是，多次的交鋒之後雙方都不得不承認這樣一個現實：任何一
方都沒有能力吃掉對方。就埃及而言，在歷次中東戰爭中，它都
是阿拉伯陣營中的主力，首當其衝，所以在人力與財力上都蒙受

了更大的損失。據統計，在四次中東戰爭中，埃及犧牲了七十多萬人，耗費資產達 400 多億美元。埃及經濟學家根據 1970 年代中期的物價水平做了這樣的估算：戰爭所耗費的鉅款可以使埃及每個家庭建築一座別墅、購買全套電器設備和一輛小汽車。十月戰爭之後，埃及債臺高築，百廢待舉，人民渴望和平安寧的生活。具有遠見卓識的薩達特決心向以色列人伸出橄欖枝，其基本思想是：阿拉伯國家與以色列通過和平談判，而不是戰爭手段來解決中東問題。以色列只有撤出 1967 年戰爭中所占的領土，承認巴勒斯坦人民合法的民族權利，才能得到中東國家的正式承認，埃及也會願意與以色列簽訂友好和平條約。當時的國際背景是：十月戰爭後，美國的中東戰略已經改變，全力調和阿以衝突，季辛吉的「穿梭政策」，使埃及與以色列之間的關係略有緩和，特別是 1977 年卡特就任美國總統後，提出要「全面解決中東問題」，並派遣國務卿萬斯訪問了以色列、埃及、敘利亞等國，然後又邀請埃及、以色列領導人訪美，為阿以直接談判穿針引線。

　　1977 年 10 月 29 日，薩達特應邀出訪一直與埃及和以色列都保持著良好外交關係的羅馬尼亞，與西奧塞古舉行了長時間的會談。在此之前，西奧塞古已與貝京單獨會面。薩達特與西奧塞古之間有這樣一番對話：

　　西奧塞古：「貝京希望找到解決問題的辦法。」

　　薩達特：「關於這個問題，我最關心的是以色列是不是真希望和平？我從內心希望和平，我已以使人確信無疑的證據證實了這一點。但是今天的以色列——特別是偏見很深的利庫德集團領袖

貝京──是不是希望和平？執行極端路線的貝京是希望和平的
嗎？」

西奧塞古：「請允許我向你肯定：他絕對希望和平。」

在返回埃及的途中，薩達特作出了訪問以色列的決定。11 月
9 日，在埃及人民議會上，薩達特講道：為了讓埃及士兵不再葬
身疆場，他準備走向「天涯海角」，甚至以色列議會，「到猶太會
堂去，到猶太人的老家去，談我們的和平願望。」薩達特的講話
震驚了許多人，連美國大使都請求證實他所說的訪問耶路撒冷的
計畫。薩達特的回答是：「如果我不想走到底，你以為我會說出這
樣的話嗎？」時人對他的評價是：「此人如果不是一個瘋子，那就
是一位真正的偉人。」

1977 年 11 月 19 日至 21 日，薩達特訪問了以色列，這是阿
以衝突三十年來第一位正式訪問以色列的阿拉伯國家元首。當薩
達特總統的專機在盧德機場降落時，以色列前總理果爾達·梅厄、
國防部長達揚、外交部長阿巴·埃班以及沙龍將軍等前往迎接。
薩達特所到之處得到以色列人的熱烈歡迎。有五十多萬人湧上了
耶路撒冷街頭。兩個敵對民族的「心理壁壘」終於打破了，《金字
塔報》評論說：「這比人類第一次踏上月球還要了不起！」11 月
20 日，薩達特在以色列議會發表了著名的演說，由於演講的內容
事先沒有公布，所以格外感動人心。他講道：

> 和平屬於我們大家，屬於在阿拉伯土地上的，在以色列的，
> 在這個充滿著血淋淋的爭鬥，為尖銳的矛盾所困擾，不時

遭受流血戰爭威脅的廣衰世界的每一個地方的所有的人。……

今天,我以堅定的步伐來到你們這裡,為的是我們大家——生活在這個地球上、真主的土地上的所有穆斯林、基督教徒、猶太教徒——一起來為建立和平而創造一種新的生活。……

為什麼不能以誠懇、信任和忠實的態度使我們的願望一致起來,以便共同消除一切恐懼的疑慮、背信棄義、隱晦曲折和隱瞞真實意圖的現象呢?

為什麼我們不能以男子漢的英雄氣概、以那些把畢生的精力獻給一個最崇高目標的英雄們的膽識一起採取行動呢?

為什麼我們不能以這種勇氣和膽識一起採取行動,以便建造一座受到保護而不受到威脅的和平大廈,為我們的子孫後代放射出人道主義的光芒,使他們朝著建設、發展和人類尊嚴的方向前進呢?

為什麼我們要為這些後代留下流血、殺害生靈、製造孤兒寡婦、毀滅家庭、使犧牲者輾轉呻吟的後果呢?

……

我決定坦率地、光明磊落地來到你們這裡。

我決定給全世界為爭取和平所作出的努力以這樣一個推動力。我決定在你們的家裡向你們提供不帶任何偏見和傾向的真相。

我不是為了故作姿態。

我不是為了贏得一個回合，現代歷史上最嚴峻的回合和戰鬥。

這是公正和持久的和平的戰鬥。

在演講中，薩達特還陳述了實現和平的五項原則：

第一，結束以色列 1967 年所占領的阿拉伯領土；

第二，實現巴勒斯坦人民的基本權利和包括有權建立自己國家在內的民族自決權；

第三，本地區各國有權和平地生活在安全的有保證的邊界之內；

第四，本地區各國在處理各種關係時，必須遵守《聯合國憲章》的宗旨和原則，特別是不訴之於武力，用和平的手段解決他們之間的分歧；

第五，結束本地區的戰爭狀態。

訪以期間，薩達特與貝京舉行了五次會談，雙方在兩個最基本的問題上達成了一致，一是十月戰爭為最後一場戰爭，兩國不再打仗；二是通過談判解決安全問題。

薩達特訪問耶路撒冷之後，埃及和以色列之間開始了一些直接性的談判與接觸，但由於分歧很大，沒有達成任何實質性的協議。1978 年 7 月，美國國務卿萬斯在英國的利茲堡與埃、以外長舉行會談，但僵局仍未打破，卡特總統決定做最後一搏。他宣布取消原定於 8 月初在西奈觀察站舉行的埃、以、美外長談判，改為三國首腦在大衛營舉行會議。9 月 5 日下午，薩達特與貝京到

達大衛營。9 月 6 日會談正式開始，由於雙方在西奈半島問題上，尤其是屯墾區問題針鋒相對，談判十分艱難，多次陷於僵局。卡特總統則全力斡旋，9 月 10 日，美國提出了一份折衷方案，經過反覆討論與修改，到 15 日，基本上達成共識，但以色列仍拒絕拆除西奈的屯墾區，薩達特十分氣憤，立即表示終止談判。卡特總統「以一生中從未有過」的嚴肅態度向貝京施壓，談判得以繼續。9 月 17 日，會談終於達成協議。當晚，在卡特總統的主持下，薩達特和貝京在白宮簽署了《關於實現中東和平的綱要》和《關於埃及同以色列之間和平條約的綱要》（統稱《大衛營協議》）。9 月 28 日和 10 月 14 日，以色列議會和埃及人民議會先後通過了大衛營的兩份文件。

《關於實現中東和平的綱要》，包括序言與綱要兩大部分。序言部分規定：聯合國安理會的 242 號決議是解決中東問題的基礎；綱要部分規定，在約旦河西岸和加薩地帶作出時間不超過五年的過渡性安排；在過渡期內，約旦河西岸和加薩地帶居民實行自治或成立自治政府，以色列負責安全，約旦參加警察部隊。有關方面不得遲於過渡期的第三年談判確定西岸和加薩的最終地位，以及它同鄰近地區的關係；在該綱要簽字後的三個月內締結埃以和約；締約後三—九個月內，以軍開始撤離西奈半島，締約後二—三年內，以軍完全撤走。

《關於埃及同以色列之間和平條約的綱要》對埃以關係中的一些重大問題作了具體規定，如埃及在國際承認的邊界內行使充分的主權；以色列武裝部隊撤出西奈，西奈的機場只供民用；以

色列船隻有權在蘇伊士灣和蘇伊士運河自由航行；蒂朗海峽和亞喀巴灣向各國開放等。

根據《大衛營協議》的精神，埃、以、美三國外長從 10 月 12 日開始了關於締結埃以和約的談判，直到 1979 年 3 月才達成協議。3 月 26 日，薩達特、貝京、卡特共同簽署了《關於阿拉伯埃及共和國和以色列的和平條約》，主要內容有：以色列分兩個階段從西奈半島撤軍，和約批准之日起九個月內撤至阿里什—穆罕默德角以東一線，三年內完全撤出。在以色列完成第一階段撤軍後，埃以雙方建立正常的外交、經濟和文化關係。薩達特的和平努力得到了國際社會的廣泛讚賞。他與貝京一起分享了 1978 年的諾貝爾和平獎。挪威諾貝爾委員會主席阿瑟·萊昂內斯在致辭中講道：「1978 年度諾貝爾和平獎授予埃及總統薩達特及以色列總理梅納希姆·貝京，以表彰他們為埃及與以色列兩國的和平，以及他們於 1978 年 9 月 17 日在大衛營簽署的和平框架性協議所作出的貢獻。……和平、友誼與合作的意願構成了這份框架協議的精髓，指明了一條具有現實意義的道路，並最終達成了涉及外交、經濟與文化等通常領域的和平協議。」

和約簽訂後，從 1979 年 5 月 25 日到 1980 年 1 月 25 日，埃及從以色列手中收回了占西奈半島三分之二的領土。當以色列完成了第一階段的撤軍任務後，埃及於 1980 年 2 月 15 日與以色列建交，實現了雙方關係的正常化。1982 年 4 月，以色列軍隊全部撤出，埃及收復了西奈半島的主權。《大衛營協議》與埃以關係的正常化終於打破了阿以衝突的持久僵局，儘管中東和平進程艱難

曲折，但薩達特等人所開闢的和平道路，仍然是解決衝突的唯一現實的道路。然而，和平與正義的事業同樣也要付出代價。埃及國內只有一部分人理解與支持薩達特。阿拉伯世界除了蘇丹、安曼和摩洛哥等少數國家之外，大都持反對態度。敘利亞總統阿薩德稱薩達特是「阿拉伯民族事業的叛徒」；格達費聲稱要「殺死薩達特」，並在埃、利邊境集結重兵，有十七個阿拉伯國家對埃及實行了政治經濟制裁，埃及被開除出阿拉伯陣營，陷入了空前孤立的境地。為了平息國內的不滿情緒，也為了向世界展示埃及的雄風，薩達特決定於十月戰爭的八週年紀念日舉行隆重的慶典儀式，1981 年 10 月 6 日，在檢閱臺上，薩達特突然遭到槍擊，不久身亡。兇手自稱是何梅尼的崇拜者、「贖罪與遷徙組織」的成員。以色列總理貝京、美國總統尼克森、福特、卡特以及季辛吉等人參加了他的葬禮。薩達特總統被安葬在離他遇刺之處不遠的無名戰士紀念碑下，他的大理石墓碑上刻上了這樣一行字：

忠誠的總統安瓦爾・薩達特，戰爭與和平的英雄。他為和平而生，為原則而死於 1981 年 10 月 6 日勝利日。

第七章 | *Chapter 7*

穩中求進：
穆巴拉克時代

第一節　輝煌人生

　　1981 年 10 月薩達特遇害之後，原埃及副總統穆罕默德‧胡斯尼‧穆巴拉克 (Muhammed Hosni Mubarak) 當選為埃及第三任總統，埃及歷史進入了一個新的時期。

　　穆巴拉克於 1928 年 5 月 4 日出生於尼羅河三角洲曼努菲亞省的卡法勒‧米塞利赫村。父親是司法部的監察員。曼努菲亞省的文化教育比較發達，穆巴拉克六歲就背誦《可蘭經》。上小學後，刻苦努力，成績一直名列前茅。中學時代的穆巴拉克喜歡文學、歷史、地理，尤其喜歡閱讀拿破崙、林卡以及阿拉伯民族歷史上傑出人物的傳記，立志報效國家，振興阿拉伯民族。

　　1947 年，年僅十九歲的穆巴拉克考入埃及軍事學院，因成績優異，1949 年提前畢業，然後進入空軍學院學習一年，從 1952 年到 1959 年中，穆巴拉克在空軍學院擔任飛行教官，並於 1959

年和 1961 年兩次去蘇聯深造，學習駕駛理論與飛行技巧。1964
年，穆巴拉克再次到蘇聯，求學於優龍芝空中軍事學院，一年後，
獲軍事參謀文憑。回國後先後擔任轟炸機隊中隊長、轟炸機旅旅
長、空中基地司令、空中學院院長等職。1969 年 6 月，任空軍參
謀長，1972 年任國防部副部長兼空軍司令。十月戰爭中，埃及軍
隊在初期的出色表現，驗證了穆巴拉克的軍事才能，也給他帶來
了空前的榮譽，薩達特總統稱穆巴拉克創造了戰爭奇蹟。埃及政
府給他授予了「西奈之星」最高軍事勳章與「傑出英雄」的稱號，
並晉升他為空軍中將。

　　「十月戰爭」後，穆巴拉克成為公眾人物，1975 年 4 月，被
任命為埃及共和國副總統。1978 年 7 月任執政黨民族民主黨副主
席，1980 年 1 月當選為民族民主黨主席，1980 年 5 月兼任該黨總
書記。1981 年 10 月當選總統。1987 年 10 月 12 日、1993 年 10
月 5 日、1999 年 9 月 26 日，穆巴拉克三次蟬聯總統職位。

　　雖然長期身居要位，但穆巴拉克保持了勤儉、廉正的生活作
風。他曾告誡報界不要披露他個人的生活，不要談及他的家庭成
員，他不願意任何人因他的聲望而撈取好處。1982 年 10 月，穆
巴拉克毫不留情地查辦了他的弟弟、百萬富翁阿斯曼特‧薩達特，
查封了他弟弟及其妻子、兒女的全部財產，並對其違法活動進行
嚴格調查。穆巴拉克還把總統別墅用來作為旅遊與娛樂場所，他
的一家則住到開羅郊外一所極其普通的住宅裡，他還把總統專機
讓給埃及航空公司使用。

　　穆巴拉克處事幹練、果斷，具有很高的管理才能與人格魅力，

把為百姓創造安定、富足的生活作為自己的最大心願。他曾經說過：「我同意擔任總統絕非為追逐名利，我把總統職務看作一種職責。為國家服務是我唯一的興趣所在。」「我最大的願望是實現以下目標：進一步提高人民生活水平，減輕低收入者的困難……。國家的進步首先取決於穩定與發展。」由於穆巴拉克採取了適合國情的政治、經濟與文化政策，埃及社會穩步發展。穆巴拉克為提高埃及國際地位，全力活躍於世界舞臺，1991年《美國國際百科全書》第十冊把穆巴拉克評選為當年度最突出人物。

第二節　治國方略

穆巴拉克首次就任總統職位之後，當新聞記者問道：「你當總統後是繼續執行薩達特時期的政策，還是使埃及回到納塞時期？」穆巴拉克的回答是：「我既不是加麥爾・阿卜杜勒・納塞，也不是安瓦爾・薩達特，我是胡斯尼・穆巴拉克。」穆巴拉克執政以來，埃及的內政與外交既保持了歷史傳承性，也不失其獨特性，國內的政治、經濟、文化都呈現出穩步發展的趨向。

在政治方面，促進多黨制，加強民主化建設。穆巴拉克上臺之初，就反覆強調執政黨不能包攬國家的一切事務，凡重大事情應同不同黨派進行磋商。薩達特時期，埃及曾出現過政黨活動的高潮，反對黨在議會中占有了一定的席位。《大衛營協議》和《埃以和平條約》簽訂以後，民族進步統一集團黨、社會工黨及自由社會主義者黨等對政府進行了猛烈的批評，為此，薩達特於1981

圖 43：穆巴拉克在記者會上回答問題

年 9 月下令逮捕反對黨人，從而使政黨活動陷於低潮。穆巴拉克
上臺後，分別釋放了反對派領袖。1984 年 5 月 27 日，埃及舉行
議會選舉，穆巴拉克號召全國選民積極投票，不管投那個政黨都
是履行自己的職責。在這次選舉中，民族民主黨以絕對多數票獲
勝。剛恢復不久的新華夫脫黨獲得了 15% 的選票，成為議會中唯
一的反對黨，其他幾個政黨因得票沒有超過 8%，未能在議會中
占有席位。在 1987 年 4 月 6 日的埃及議會選舉中，有六個政黨參
加了選舉，結果民族民主黨獲得 308 個席位，社會主義勞動黨獲
得 56 個席位，新華夫脫黨獲得了 36 個席位。1995 年 11 月 29 日
埃及人民議會的選舉結果是，民族民主黨獲 317 席位，獨立人士
獲得 114 席，新華夫脫黨獲得 6 席，平民黨得到 5 席。可見，由
薩達特所奠基的埃及多黨制，在穆巴拉克時代得以正常的運作。

實現一黨制向多黨制的轉變是埃及政府民主化的一個重要標誌。

　　穆巴拉克還採用多種方法，擴大民主範圍，動員民眾積極參與政治，尤其鼓勵年富力強的專家、工程師、博士參政議政。為了實現社會生活的正常化，他一方面盡力傳承自納塞、薩達特所奠定的民主傳統，另一方面，大膽地糾正以往的偏激行為，使民主建設朝著規範、深入的方向發展。穆巴拉克曾經說過：「我們不應該忘記埃及的歷史，我將拒絕和抵制試圖歪曲或糟蹋這一歷史的任何人。在這一歷史進程中，我將舉起埃及這兩位偉大領導人的那些積極行為的旗幟，同時要隨時修正航向，避免做那些在兩位總統時代看來是消極的東西。」穆巴拉克在發揚民主的同時，也注重法制建設，強調各行各業要有法可依，要有嚴密的工作紀律，對瀆職不軌的行為要實施有力的打擊。

　　在經濟方面，穆巴拉克吸取了以往兩種不同發展模式的經驗教訓，採取了更審慎的改革措施，把經濟發展模式定位於「混合經濟」，特別關注經濟效益。其舉措主要表現在以下幾個方面：

　　第一，繼續推行經濟開放改革。穆巴拉克認為，「開放不僅要使埃及能夠吸收西方的現代化技術，而且要創造新的就業機會，向消費者提供數量更充足、品種更多、質量更好的產品」。從1980年代初開始，穆巴拉克就提出經濟開放要從「消費型」轉向「生產型」，以開放帶動整個國民經濟的全面發展，而不是僅僅停留在對外來經濟事務被動性的接受與吸納。1990年代以來，埃及加大經濟開放的力度。1991年2月，開放外匯市場，允許非官方機構從事外匯業務。同年5月，埃及政府與國際貨幣基金組織簽

訂了《經濟改革第一階段實施方案》，並在全國範圍內整頓稅收，調整信貸利率，大幅度地削減政府補貼，提高能源價格，放寬對國內外投資商的限制。從 1992 年起，埃及逐步取消了對一百零五種外國商品的進口限制，這些產品包括汽車、農業機械、建築材料、家用電器、紡織品、工藝品、農副產品、日用百貨等，在放寬進口限制的同時，實行徵收高額關稅，以保護國內同類企業的利益，靈活的經濟政策與較為穩定的經濟形勢，使埃鎊與美元一直保持了較為穩定的匯率，美元儲備不斷增加，並形成了供大於求的局面。

為了更多地吸引投資，改善投資環境，穆巴拉克政府曾於 1989 年 7 月公布了 230 號《投資法》，代替了 1974 年的 43 號法令，其內容包括簡化投資手續，管理機構不得干涉投資意向，新項目投資可享有十年免稅期，投資企業可以自行對產品定價等。截至 1994 年 6 月 30 日，根據新投資法批准的項目已達 2418 個，投資金額為 439.34 億埃鎊。整個 1990 年代，投資項目呈較大幅度增長，1991～1992 年比上年度增長了 7%，1992～1993 年度增長了 14%，1993～1994 年度增長了 21%。1997 年 5 月，埃及政府在原投資法的基礎上，又頒布了新投資法，對資金注入給予了更優惠的政策。與此同時，還整頓了金融市場，並頒布了《金融投資公司管理法》。

第二，加強國有企業的改革。在計畫經濟體制下，埃及曾建立了大量的國有企業。但 1970 年代中期以來，國有企業嚴重虧損，到 1980 年代初，虧損企業已占企業總數的一半以上。為了改

善這種狀況，1980 年代穆巴拉克政府採取了權力下放、政企分開、自負盈虧等措施，減少政府部門的干預，給企業以較多的自主權，逐漸在企業內部培養競爭機制。接著，又允許企業進行兼併、拍賣或合資，通過重新組合或改變國有經營機制來增加企業效益。1980 年代末到 1990 年代初，大批外資企業在埃及興辦起來，從而使國營經濟面臨著更為嚴重的競爭局面，為了從根本上擺脫國家負擔，埃及政府從 1990 年代初開始推行私有化政策，私有化的主要手段是出售股份，但政府很重視控股權。從 1994 年到 1996 年，政府出售了 76 家國有企業，但國家仍然控制著多數股權。1995 年到 1996 年間，埃及有 24 家國營企業實現了私有化。1997 年，有 13 家國有企業實現了私有化。儘管穆巴拉克政府在實行國有企業的私有化方面決心很大，但面臨著種種困難與阻力，許多政府官員極力反對國企改革。為了緩和國有企業改革所帶來的矛盾，穩定社會秩序，埃及政府於 1991 年成立了社會發展基金會。該基金會通過支持勞動密集型的中小企業的發展，以及為國有企業離職員工和待業人員提供再就業方面的財政支持與職業訓練等手段，對國有企業改革和全國的扶貧工作發揮了重要的支持與保障作用。當然，國企改革是一項牽一髮而動全身的巨大工程，要想徹底改變國有企業的經濟狀況，使其真正納入市場經濟的軌道，成為國民經濟中充滿活力的組成部分，還需要一段很長的路程。

　　第三，完善工業體系，發展石油產業。在埃及的經濟門類中，工業部門發展較快。穆巴拉克執政以來，不斷擴大工業基礎，建立了一些工礦企業，而且致力於調整產業結構。埃及除了發展水泥工

業、機械工業、紡織工業、食品加工業及皮革業等傳統工業外，還大力發展鋼鐵業、汽車製造業以及電子工業，有些產品已打入國際市場。1994年，埃及各種工業企業共有1.3萬家，產值約643億埃鎊，占國內生產總值的40%以上。1999年，工業企業總數增至2.24萬家，其中國營公司占115家，在職員工約五十六萬人。

埃及的石油工業發展於1970年代，但前期的開採量較低。1970、80年代以來獲得了迅速發展。1988年埃及石油探明儲量為5.87億噸，比1975年幾乎增加了二倍，原油產量也大幅度上升，達到4.25萬噸，比1975年增加了二‧五倍。埃及目前石油的日產量為八十七萬桶，年產量為4400萬噸。石油產業已成為埃及經濟的支柱，在發展採油業的同時，埃及的天然氣資源也得到了充分的利用。從1983年開始，埃及回收了蘇伊士灣採油區的油田天然氣，到1988年，天然氣產量已達56億立方公尺，埃及成為僅次於阿爾及利亞的非洲第二大產氣國。同年，天然氣探明儲量為3246億立方公尺，比1980年增長了三倍。到1991年，探明儲量達5000億立方公尺。尼羅河三角洲、紅海和地中海沿岸都有豐富的天然氣貯藏量。

第四，發展旅遊產業。埃及歷史悠久，有著豐富的文化遺產和名勝古蹟，尤其以金字塔、獅身人面像、帝王谷、神廟與清真寺建築聞名於世，具有發展旅遊業的良好基礎與廣闊前景。波斯灣戰爭後，埃及的旅遊業曾一度蕭條，從1991年起開始回升。埃及政府在資金困難的情況下，優先增加旅遊投資。1992年9月，埃及政府在開羅主辦了第六十二屆世界旅遊大會，埃及不僅進行

了大量的旅遊宣傳，而且純贏利 550 萬美元。世界旅遊大會大大促進了埃及旅遊業的發展，同年去埃及的外國遊客達三百萬人。1990 年代，埃及連續發生恐怖分子襲擊外國旅客事件，影響了埃及旅遊業的聲譽。為此，埃及政府嚴重打擊宗教極端分子，加大旅遊宣傳與旅遊設施建設。1996 年，埃及的外國遊客達到三百九十萬人次。1996～1997 財政年度，旅遊收入超過了 36.4 億美元。

第五，擴大運河收入。埃及位於歐、亞、非三洲的結合處，是重要的國際交通樞紐，蘇伊士運河具有重大的戰略意義與經濟價值。為了更好地發展運河的潛力，埃及政府全力改善航運條件，為國際油輪通航提供優惠政策，並與日本、比利時等國共同承辦運河擴建工程，以拓寬河面、提高吃水深度。目前，每天有大約五十艘輪船通過運河。1992 年運河收入達 19.11 億美元，比 1991 年增加了 7600 萬美元。1993～1994 年度有 1.7 萬艘輪船通過運河，收入達 65.5 億埃鎊，運河收入已與石油、旅遊及僑匯一起成為埃及的四大外匯來源。1990 年代埃及的主要外匯收入情況如下：

埃及主要外匯收入來源

（單位：億美元）

年　度	1991–1992	1992–1993	1993–1994	1996–1997
石　油	19.8	22.35	15	22.26
蘇伊士運河	19.1	19.66	19.41	18.81
旅　遊	35	25	18	36.4
僑　匯	66	59.39	61.64	40

　　第六，發展對外貿易。埃及與世界上一百二十多個國家和地區有貿易關係，主要貿易夥伴是美國、法國、德國、義大利、英國和日本等。由於出口商品少於進口商品，埃及長期出現貿易逆差的現象。為了改變這種狀況，穆巴拉克政府專門成立了由總理負責的出口事務最高委員會，建立了出口保險公司，爭取生產更多的進口替代產品，擴大出口。但是，由於埃及正處於經濟轉型期，大型工業企業與農業設備仍不得不依賴進口，所以貿易入超的現象很難徹底改變。近年來，埃及的主要進口產品有機械、運輸設備、化工產品、牲畜及畜產品、糧食、食品、蔬菜、油料等，主要出口產品有原油、石油產品、紡織品、棉花、馬鈴薯、柑橘等。1994 年，埃及進口額為 324.6 億埃鎊，出口額為 117.57 億埃鎊，入超額為 207.03 億埃鎊。1998 年進口額為 146 億美元，出口額為 44 億美元，入超額為 102 億美元。

　　第七，注重文化教育。埃及是中東地區文化事業比較發達的國家，穆巴拉克時期隨著經濟的穩步增長，政府加大了對教育的投入。1990～1991 年度教育經費為 34.1 億埃鎊，1994～1995 年度增加到 72.95 億埃鎊。埃及政府在國內全面推廣「特殊教育」、成人教育和掃盲教育。文盲率從 1986 年的 49.6% 下降到 1996 年的 38.6%。1993 年，埃及在校小學生達 773.2 萬人，教師 28.9 萬人；在校中學生 443.3 萬人，教師 20.9 萬人；專科職校學生為 170 萬人。埃及的高等教育比較發達，全國有十三所綜合性大學，其中開羅大學、愛資哈爾大學、亞歷山大里亞大學等為最著名的學府。大學生人數 1994～1995 年度約 69.7 萬人，相當於 1991～

1992 年度的一倍。除了普及大學教育外，埃及還成立了許多獨立的研究機構，如金字塔政治戰略研究中心、非洲研究所、中東研究中心、阿拉伯研究院、科學技術研究院、全國（科技）研究中心、石油研究所、金屬研究中心、國家遙感太空技術局、電子研究所等。此外，埃及還是阿拉伯世界最主要的電影生產國，廣播電視事業有較大的影響力。

第三節　活躍於國際舞臺

穆巴拉克執政以來，埃及奉行獨立自主、和平、友好和不結盟的外交政策，在相互尊重的基礎上，大力發展同世界各國的友好關係，以靈活務實為出發點，提高埃及在國際社會中的影響力，尤其是在中東及非洲事務中的影響力，埃及國際地位的上升從在國際組織中的任職情況可以略見一斑。如布特羅斯‧加利出任聯合國秘書長、法塔希‧蘇魯爾擔任各國議會聯盟主席、阿卜杜‧馬吉德擔任阿盟秘書長、薩拉吉丁擔任世界銀行總裁等。

一、埃及與阿拉伯國家的關係

1950、1960 年代埃及一直是阿拉伯世界的中心，1979 年之後，埃及受到阿拉伯國家的聯合抵制，被中止了阿盟成員國資格。面對嚴重孤立的局面，埃及政府做了大量的外交宣傳，提出「埃及離不開阿拉伯世界，阿拉伯世界也離不開埃及」的口號，強調民族利益的共同點，穆巴拉克上臺後把改善和發展同阿拉伯國家

的關係作為外交策略的重心，並收到明顯的成效。從 1983 年開始，一些阿拉伯國家首腦開始訪問開羅，雙邊關係開始解凍。自從埃及收復西奈之後，政府低調宣傳埃以關係，全力聲明埃及雖然與以色列簽訂了和約，但阿拉伯民族利益自然是而且永遠是第一位的。當以色列與阿拉伯國家發生衝突時，埃及在輿論上積極支持阿拉伯國家。到 1987 年底，埃及重返阿拉伯世界。此後，許多阿拉伯國家開始恢復與埃及的外交關係，1989 年 2 月，埃及、伊拉克、約旦和葉門四國在巴格達成立了「阿拉伯合作委員會」。1990 年波斯灣危機爆發後，埃及利用自身的特殊地位，從中斡旋，並積極維護阿拉伯世界的團結與統一。1991 年，埃及、敘利亞和波斯灣合作委員會六國簽署了《大馬士革宣言》，決定組建一支以埃敘為核心的阿拉伯軍隊，維護波斯灣地區的安全。

二、埃及與美國的關係

1979 年《埃以和約》簽訂後，美國每年向埃及提供經濟和軍事援助 20 多億，據美國眾議院外事委員會公布，從 1977～1989 年間，美國向埃及提供的各種援助達 20 億美元。穆巴拉克執政以來多次訪美，兩國還於 1988 年簽訂了為期五年的《軍事合作備忘錄》，兩國聯合舉行過多次軍事演習。美國總統柯林頓、副總統高爾、國務卿歐布萊特也多次訪問埃及，就雙方關係及中東和平進程等問題進行反覆磋商。1995 年埃及與美國簽訂了《合作夥伴協定》，內容包括在科學技術、經濟貿易及環境保護方面的合作與交流。在中東和平進程中，埃及非常重視美國的作用，但對美國明

顯偏袒以色列的立場與行為也不時地提出批評。近年來，兩國在人權問題、簽署核擴散條約上產生一些分歧，但基本關係保持友好。

三、埃及與俄羅斯的關係

薩達特時代，埃及與蘇聯關係惡化。穆巴拉克執政後，逐步改善雙邊關係，簽署了貿易、文化與漁業合作協定。1984 年 4 月，雙方恢復大使關係，9 月互派了大使。1989 年，雙方簽訂了為期五年的經濟、貿易和科技合作協定，並簽署了重新安排所拖欠的蘇軍債務的議定書。1990 年 5 月，穆巴拉克訪蘇，協調了兩國的政治、經濟關係。蘇聯解體後，埃及非常注重同獨聯體各國發展外交關係。1991 年 12 月 22 日，穆巴拉克致電各共和國領導人，祝賀成立獨立國家國協，埃及與俄羅斯、亞塞拜然、白俄羅斯等國都建立了外交關係，保持良好的合作氣氛。

四、埃及與西歐的關係

埃及與西歐有著很長的貿易傳統，埃及在歐盟中享有最惠國待遇。穆巴拉克執政以來，多次出訪英國、法國、德國、義大利等，爭取西歐國家的財政與科技援助。1990 年代以來，埃及從西歐國家得到了大批援助。1994 年，穆巴拉克通過對西歐國家的訪問，獲得了法國 5.44 億法郎的經援，瑞士、英國、義大利也分別給了埃及 2 千萬美元、8 百萬英鎊、2 千萬美元的贈款。荷蘭給埃及提供了 1 千萬美元的農業貸款，歐盟也決定提供 9 千 3 百萬美

元的貸款，以推動埃及的國有企業私有化。1998 年，歐盟與埃及的貿易額占埃及外貿總額的 42%，歐盟成為埃及最大的貿易夥伴。來自西歐國家的援助為埃及國民經濟注入了新鮮的活力。

五、埃及與非洲國家的關係

　　埃及與非洲國家之間有著共同的目標和利益。「非洲圈在 1952 年埃及『七月』革命領導人的頭腦中是一個重要的圈子。從那時起，埃及一直把同非洲國家一起進行的爭取獨立、擺脫殖民主義和附庸主義作為自己對外政策最重要的一個目標，致力於加強亞非團結，同許多非洲國家一起在物質上和道義上提供援助，直到非洲國家實現獨立為止。」穆巴拉克執政以來，積極發展與非洲國家的關係。1989 年和 1993 年穆巴拉克兩次當選為非洲統一組織主席，他利用這一身分，投身於非洲事務，協調非洲國家內部及國家與國家之間的矛盾與衝突，一再強調用和平方式解決爭端，反對外來勢力干涉非洲內政。他在任期期間建立的非洲經濟集團已開始運作。穆巴拉克政府還採取多種積極措施，加強與非洲國家的貿易，尋找埃及產品進入非洲市場的通道。埃及還鼓勵本國企業家和商人投資於非洲。1998 年 6 月，埃及加快了與非洲經濟一體化的步伐，加入東南非共同市場，並降低同該組織成員國的貿易關稅。埃及還成立了非洲技術合作基金會，向非洲國家派遣了五千多名專家和數十名教授。特殊的地理環境與大國地位決定了埃及在未來的非洲事務中還會發揮越來越重要的作用。

六、埃及與中國的關係

埃及與中國自古就有非常友好的交往。1956 年 5 月 30 日正式建交之後，雙方在政治、經濟、文化、教育、新聞、軍事等方面有著密切的交流與合作。1964 年，埃中簽訂了《經濟技術合作協定》，中國向埃及提供 8000 萬美元無息貸款。穆巴拉克在擔任副總統和總統期間，曾五次訪問中國，中國領導人江澤民、李鵬、李先念、趙紫陽、楊尚昆等也訪問了埃及。中、埃兩國在許多國際問題如人權問題、核不擴散問題、南南合作❶等問題上保持了基本一致的態度。1999 年 4 月 5 日至 9 日，穆巴拉克總統應江澤民主席的邀請對中國進行了國事訪問。兩國元首就世紀之交的重大國際問題交換了意見。他們一致認為：「建交後的近半個世紀，不論國際形勢和各自國內情況發生何種變化，中、埃關係始終健康向前發展，成為發展中國家之間關係和南南合作的典範。在二十一世紀即將來臨之際，兩國願繼往開來，密切合作，攜手共進，將業已存在的友好關係推向下個新的階段。」這次訪問簽訂了《埃中聯合公報》作為雙方友好合作的基礎。

埃中兩國的經貿合作由來已久。中國的很多產品如機電產品、輕工業產品、機床等在埃及市場深受歡迎，而埃及的棉花、石油、

---

❶　從地理位置上看，發展中國家多位居南半球，而工業大國多地處北半球。因此，國際社會把發展中國家之間的合作稱為「南南合作」。「南南合作」興起於 1960–1970 年代，在促進亞非拉國家的合作，起了很大的作用。

鋁錠、尿素、藥品、皮革製品等則為中國市場所需求。1992 年，
埃中貿易額為 1.7565 億美元，為 1991 年的 2.06 倍。1998 年，埃
中貿易額為 6 億多美元，儘管增長速度較快，但在兩國的外貿總
額所占的分量還很低，雙方在高技術產業、紡織業、旅遊業、民
航業等方面都有很大的合作潛力。兩國政府也一再承諾：雙方將
共同努力，不斷拓展經貿合作領域，實現優惠互利，使彼此成為
重要的貿易夥伴。雙方同意加強在埃及西北蘇伊士灣經濟特區建
設項目和其他項目上的合作。兩國政府鼓勵雙方公司、加強企業
往來，促進投資，加強在工業、農業、科技和旅遊的交流與合作，
並為在上述領域開展工作的公司、企業和機構提供必要的協助，
這符合兩國人民的利益，有利於加強兩國友好關係，促進兩國及
其所關心的地區和世界的經濟發展、安全和穩定。

第四節　面對挑戰

埃及是阿拉伯世界較早地開始現代化工作的國家，在政治、
經濟、文化、外交等方面獲得的充分發展也在周邊國家中扮演典
範的角色。但在世界多元化、經濟全球化的時代，埃及和其他第
三世界國家一樣面臨著許多困惑與挑戰。

1980 年代中期以來，埃及在建立以外向型、自由化、私有
化、多樣化為特徵的經濟模式上取得了很大的成效，從而促使了
社會與經濟的迅速發展，但是經濟轉型期的種種弊端，如通貨膨
脹與失業現象嚴重、社會貧富分化、投機行為與攫取暴利活動猖

獗、特權階層的貪污腐化，尤其是債務負擔過重、國家收支失衡等現象一直困擾著埃及經濟。1982～1983 年度，埃及外債總額達 300 億美元，超過了當年的國內生產總值，成為世界第九大負債國。埃及《金字塔報》就此評論道：「償還大筆外債成了埃及人時常擔憂和害怕的一件心事。」對外援的巨大依賴早已成為埃及經濟的一大隱憂，有人甚至擔憂，一旦失去了外援，埃及經濟就會迅速崩潰。在埃及，大量的社會財富還是集中在極少數人的手裡。二千名最富裕的埃及人所擁有的土地相當於一百五十萬貧困農民所擁有的土地面積。埃及有七萬人擁有賓士轎車，而每輛車的價格相當於一個產業工人整整一生的薪水。埃及的工業改革早已開始，確有不少企業借助世界經濟的競爭機制而恢復了活力，但仍有許多企業管理混亂，經營落後，企業工人躺在功勞簿上，端著鐵飯碗，缺乏憂患意識與敬業精神。歷屆埃及政府雖然在普及教育方面做了很多努力，但由於教育基礎薄弱，投資力度不夠，埃及至今仍然是文盲率非常高的國家。此外，環境污染、資源浪費、知識階層外流，以及居高不下的失業率都是埃及政府所不得不嚴肅面對的問題。

在埃及尋求現代化發展的過程中，始終面臨宗教勢力的挑戰，尤其是「伊斯蘭基本教義如何能以非分裂的方式，融合於現代社會中，一直是一個棘手的問題」，也就是說如何處理伊斯蘭教與國家政治的關係一直是一個敏感而又複雜的問題，埃及存在多種宗教勢力，而穆斯林兄弟會是埃及最有影響力的宗教組織，從很大程度上講，穆斯林兄弟會的活動是反映社會政教關係的晴雨表。

　　穆斯林兄弟會創建於 1928 年，取自《可蘭經》中的「穆斯林皆兄弟」之意。早在 1952 年，當埃及自由軍官組織領導和發動革命時，曾得到了穆斯林兄弟會的支持。革命成功後，穆斯林兄弟會試圖參與政治，全力主張建立政教合一的國家，而以納塞為首的革命力量，卻主張建立世俗的現代化國家，其結果導致了兩股勢力的尖銳衝突，納塞對穆斯林兄弟會採取了嚴厲的鎮壓措施，穆斯林兄弟會聯合其他宗教組織形成了宗教反對派，對立於國家政治。

　　薩達特上臺後，曾試圖緩和與穆斯林兄弟會的關係。他於 1979 年 8 月 18 日會見穆斯林宗教領導人時說道：「穆斯林兄弟會要脫離政治，不要介入政治，不要散布狂熱。該組織雖然在埃及革命初就已被取締，但是一直允許它活動，甚至允許它發行《宣教》雜誌。我一直把它作為一個在社會事務部註過冊的宗教組織，只限於從事宗教活動，如果它今後參與政治活動，那麼就予以鎮壓。參與政治是各政黨的事，埃及的法律禁止建立以宗教為基礎的政黨，國家對破壞這一規定的任何人都不予原諒。」薩達特的本意是，在不干預政治的前提下，與穆斯林兄弟會達成諒解，在他任期內，曾在「修正運動」的名義下，釋放了被關押的穆斯林兄弟會成員，並允許穆斯林兄弟會的成員控制各地的俱樂部、文化團體及大學生聯合會。但是，由於薩達特在外交上倒向了美國，再加上經濟開放政策導致了社會分化與貪污腐敗的蔓延，薩達特政府與穆斯林兄弟會的關係惡化。特別是《埃以和平條約》簽訂之後，穆斯林兄弟會堅決地站到了反政府的立場上。1981 年 9

月，薩達特逮捕了許多穆斯林兄弟會成員，查封了《宣教》雜誌。薩達特的強硬措施並沒有使穆斯林兄弟會屈服。埃及社會又出現了更為激進的伊斯蘭反對派組織如「贖罪與遷徙組織」、「伊斯蘭解放黨」、「伊斯蘭聖戰」等，結果，薩達特本人也被伊斯蘭極端分子所殺害。

穆巴拉克執政以來，仍然堅持了政教分離的原則，但在對待宗教反對派的問題上，採取了更為謹慎的態度，他更多地採用了安撫、分化與瓦解的政策，來消減伊斯蘭勢力的影響。穆巴拉克把宗教勢力分為三部分：即正統的「官方伊斯蘭」、溫和的穆斯林兄弟會以及宗教極端組織。對「官方伊斯蘭」採取拉攏政策，允許他們間接參與國家政治；對穆斯林兄弟會既不放縱，也不徹底打擊，而是盡力限制其影響力；對極端宗教勢力則堅決鎮壓，決不手軟。1981 年 10 月底，穆巴拉克政府逮捕了三千多名聖戰組織、贖罪與遷徙組織的成員，後來審判和處死了暗殺薩達特的兇手。1990 年代以來，埃及宗教極端勢力更為猖狂，連續製造恐怖事端，如綁架外國遊客、製造人為爆炸、襲擊無辜者等等，嚴重破壞了國家安全，影響了旅遊業的發展。為了打擊恐怖行為，1992 年 7 月，穆巴拉克政府在現行法律中增加了「反恐怖」條款。1993 年，又制訂了一項反恐怖立法。對極端宗教組織的暗殺、劫持、爆炸等活動採取嚴厲打擊措施。穆巴拉克也一再申明要防患於未然，「消除產生極端分子的因子」，「了解產生恐怖組織的文化、社會與政治環境」。「911 事件」之後，反恐怖主義引起了世人的廣泛關注，埃及政府一再申明自己反對恐怖主義、捍衛

和平與安全的理念。但要徹底消除極端恐怖勢力產生的溫床決不是一件一蹴而就的事業。當然,現代化並不意味著要取消宗教,也不是要否認宗教的社會功能。然而,由於激進的伊斯蘭基本教義派信徒否認現存社會和政治制度的合法性,他們追求的政治目標是試圖通過帶有破壞性的恐怖與暴力手段推翻和取代現行政權,以所謂純潔的伊斯蘭原則來改造社會。這種性質和方式都是對抗性的,其結果只使國家的社會秩序和政局每況愈下。於是,形成一種互為催化的惡性循環。顯然,這種惡性循環對於任何國家的現代化都是一種「大忌」,並成為現代化發展中難以跨越的障礙。因此,後冷戰時代,中東國家,特別是那些貧困國家,如何克服各種不利的內外因素,推動經濟良性發展,不斷施惠取信於國民並設法創造一種穩定的社會和政治氛圍,從而削弱激進的伊斯蘭勢力的對抗活動,遏制其影響的擴散,將是中東國家亟待解決的一大難題。

第五節　革命雲起

　　穆巴拉克所實行之經濟改革直至二十一世紀初仍為埃及帶來穩健的經濟成長,從 2004 年至 2010 年為止,擁有平均近 6% 的 GDP 成長率。然而在亮麗的經濟數據背後,所呈現的是越來越沉重的人口負擔。在此期間,埃及人口暴漲近 15%,糧食與能源需求遽增,原本作為大量石油與天然氣出口國的埃及竟轉變為進口國,加以 2008 年金融海嘯、2010 年歐債危機接連發生,重挫埃

及相當依賴的旅遊產業。種種因素促使大量人口陷入貧窮，若依聯合國每日 2 美元的生活標準計算，埃及的貧困人口已來到40%，而原本早已告急的社會貧富分化，此時亦雪上加霜。

2010 年，是穆巴拉克執掌埃及政權的第三十個年頭，其政府雖仍定期舉辦議會與總統選舉，但卻早已成為形式化的民主，形成長期一黨專政。穆巴拉克為延續總統任期亦不斷擴張政府權力以打擊政治運動，在前總統薩達特遇害後所實行至此的《國家緊急安全法》即是一例。《國家緊急安全法》嚴格限定了政治組織的活動，並擴大警察執法權力，得以透過不合理的酷刑與收押懲治政府所認定之政治罪犯。政府雖一再強調此法是為遏止恐怖主義擴張所需的必要措施，但在埃及民主派人士看來，卻是穆巴拉克實行獨裁統治的政治手段。政府權力的擴大也造成比先前更加嚴重的貪汙腐敗，諸多政府要員坐擁鉅額資產，有的甚至長期壟斷埃及鋼鐵產業。貧富差距、政治打壓與政府的貪汙腐敗，使人民開始憤恨政府的施政能力未能惠及基層民眾，似乎也預告了埃及將會有場驚天動地的變局。

同年底，突尼西亞爆發茉莉花革命，人民長期以來對獨裁政權的怨懟終究轉化為行動，爆發大規模街頭示威以爭取民主自由，這次行動進而擴展成席捲北非與中東地區的阿拉伯之春，造成該地區國家人民接連發起民主化運動。由埃及青年所組成的社運組織「4 月 6 日青年運動」即是埃及爆發民主革命的先驅，他們於臉書 (facebook)、推特 (twitter) 號召人民於 2011 年 1 月 25 日聚集在開羅解放廣場進行反政府示威。到了當日，成千上萬的埃及民

眾響應號召，展開為期 18 日的「埃及革命」，直至 2 月 11 日穆巴拉克宣布辭去總統職位為止才宣告終了。這場埃及革命是埃及近三十年來最大的民主化示威運動，超過數百萬人參與其中，人民對埃及社會現況壓抑已久的怒火成為壓垮穆巴拉克的最後一根稻草。這也代表往後的埃及將進入一個嶄新的時代。

　　穆巴拉克辭去總統職位後，國家政權暫由軍方組織——武裝部隊最高委員會 (the Supreme Council of the Armed Forces) 接管。到 2012 年初，埃及重新舉行國會大選，長期受政府打壓的穆斯林兄弟會 (Muslim Brotherhood) 所組織之自由與正義黨獲得人民支持成為國會第一大黨。同年 6 月 30 日，該黨的穆罕默德‧穆爾西 (Mohammed Morsi) 獲選為總統並宣誓就職，為埃及數十年以來，第一位由人民所選出之總統。然而在穆爾西執政期間，埃及經濟狀況仍未見好轉，反而更形惡化，龐大的糧食與能源財政負擔使埃及外匯存底一路下滑，國家支出持續高升而難以發展建設，即便國際金援湧入埃及，卻仍無法改善基層民眾的生活狀況，失業率亦居高不下。同時，穆爾西在政治上力行鞏固穆斯林兄弟會對埃及政府的掌控，先是發佈諸多行政命令以擴張總統權力，且欲通過一部極具爭議的憲法，此憲法一般被認為帶有濃厚伊斯蘭色彩，遭反對派指控其將帶領埃及走入極端的伊斯蘭社會。穆爾西的舉措導致埃及社會出現分歧，反對派認為穆爾西應在政治上保持中間溫和色彩，並致力促進民生經濟，然而以大量群眾為基底的穆斯林兄弟會亦大力支持穆爾西的作法。在如此對立中，埃及政府眼下所選擇的似乎仍然是為其政治勢力攫取更多權力，比起

修復破敗不堪的埃及經濟，他們更著重如何鎖定穆斯林兄弟會在政府的地位。

　　因此在穆爾西宣誓就職後僅僅過了一年，2013 年 6 月 30 日埃及人民又發起了 「二次革命」，總計 1700 萬民眾走上街頭示威，要求穆爾西即刻下臺，而穆爾西的支持者亦發起遊行，兩派人馬看似已劍拔弩張。然而，在這次革命的浪潮中，一場軍事政變化解了革命可能帶來的動亂。時任國防部部長阿卜杜勒—法塔赫‧塞西 (Abdel Fattah al-Sisi) 於 7 月 3 日發起軍事政變，軟禁穆爾西及其執政團隊並逮捕穆斯林兄弟會的諸多成員，同時任命時任憲法法庭大法官阿德利‧曼蘇爾 (Adli Mahmud Mansour) 為臨時總統。穆斯林兄弟會的支持者雖仍發起數起集會支持穆爾西，卻遭軍隊強力鎮壓，埃及臨時政府也將穆斯林兄弟會強制解散並定調為恐怖組織，禁止其成員參與埃及議會與總統選舉，同時在這期間亦持續逮捕相關份子。

　　2014 年 5 月埃及重新進行總統選舉，塞西在軍方支持下以近乎百分之百的得票率當選總統。塞西上任後所要面對的埃及，仍然是停滯的經濟狀況、居高不下的失業率，還有先前數起抗爭所留下的社會矛盾。此外，塞西為鞏固其強人統治，亦對媒體嚴加控管，打壓反對派的政治勢力，埃及的政治社會似乎又回到過去的老路——以軍人為首的獨裁政治。塞西成功於 2018 年再次連任總統，並於 2019 年 2 月通過延長總統任期的憲法修正案，將可持續執政至 2034 年。但此時的埃及，在相對穩定的政治環境下，經濟已有復甦跡象。除了原本因動亂而重創的觀光產業有所成長外，

　　大量年輕人口與相對低廉的工資預計將為埃及帶來良好的人口紅利以促進經濟發展，近年埃及更推動新建首都計畫，以舒緩匯聚在開羅的大量人口。在經過革命雲起之動亂時代，如何克服國內仍具對抗的政治矛盾並持續將經濟改革惠及於普羅大眾，是所有埃及國民須共同面對的課題。這個神祕與驚奇的古國，其未來能否如他們過去所崇信之太陽輝亮世界，仍然有待我們持續見證它的改變。

附　錄

大事年表

西元前

5000 年左右	埃及歷史進入前王國時期。
4500–4000 年	巴達里文化時期。
4000 年	象形文字出現。
4000–3500 年	涅伽達文化 I。
3500–3100 年	涅伽達文化 II。
3100–2686 年	早王國時代。
2686–2181 年	古王國時期。
2181–2040 年	第一中間期。
2040–1786 年	中王國時期。
1786–1567 年	第二中間期。
1700 年	《史密斯紙草》《阿赫摩斯紙草》成文。
1567–1085 年	新王國時期。
1567–1320 年	第十八王朝。
1550 年	《埃伯斯紙草》成文，為埃及最長的醫學紙草卷。
1320–1200 年	第十九王朝。
1283 年	《埃及—西臺條約》簽訂。
1200–1085 年	第二十王朝。
1085–332 年	後王國時期。

332 年	馬其頓王亞歷山大征服埃及。
305 年	托勒密埃及王朝建立。
三世紀	埃及人創造科普特文字。
30 年	屋大維率領的羅馬軍隊征服了埃及。
西　元	
640 年	伊斯蘭軍隊入侵埃及，埃及歷史進入了阿拉伯時代。
642–868 年	埃及處於哈里發的直接統治之下。
868–905 年	圖倫王朝統治時期。
909–1171 年	法蒂瑪王朝統治時期。
935–969 年	伊赫什德王朝統治時期。
969 年	法蒂瑪大將昭海爾征服埃及。
971 年	新都開羅建成。
972 年	愛資哈爾大清真寺奠基。
973 年	北非法蒂瑪王朝第三任哈里發穆伊茲進入開羅，就任埃及法蒂瑪王朝第一任哈里發，中國史書稱埃及法蒂瑪王朝為「白衣大食」。
975–996 年	阿齊茲哈里發在位，法蒂瑪王朝進入鼎盛時期。
988 年	哈里發阿齊茲把愛資哈爾大清真寺發展為大學，即愛資哈爾大學。
1068–1072 年	埃及發生大瘟疫，許多人喪生。
1171–1250 年	阿尤卜王朝統治時期。
1185 年	薩拉丁占領摩蘇爾，平定美索不達米亞，

	並把勢力向兩河流域的上游擴展。
1187 年	薩拉丁率軍從埃及進入巴勒斯坦，收復了耶路撒冷。
1191 年	十字軍和薩拉丁訂立了為期三年的休戰和約。
1250–1517 年	馬木魯克王朝統治時期。
1260–1277 年	拜伯爾斯蘇丹在位時期，馬木魯克王朝的真正奠基人。
1517 年	鄂圖曼土耳其軍隊戰敗了馬木魯克王朝的軍隊，入主開羅，埃及淪為鄂圖曼帝國的一個行省。
1798 年 5 月	拿破崙率軍從土倫港出發，遠征埃及。
1798 年 10 月	開羅爆發了第一次反法武裝起義。
1800 年 3-4 月	開羅爆發了第二次反法武裝起義。
1801 年 9-10 月	法國侵略軍最後撤出埃及，同時英國軍隊以幫助土耳其人重返埃及為名滲入埃及本土。
1805 年 7 月	穆罕默德·阿里獲得埃及帕夏的稱號，並得到土耳其蘇丹的承認。
1807 年	英國軍艦侵占了亞歷山大里亞港，後被迫撤出。
1811 年	穆罕默德·阿里徹底消滅馬木魯克軍團。
1811–1818 年	穆罕默德·阿里派軍侵入阿拉伯半島，鎮壓了瓦哈比起義。

1814 年	穆罕默德·阿里政府下令廢除包稅制，把全部包稅領地也收歸國有。
1819–1823 年	穆罕默德·阿里派軍攻占蘇丹，占領了大批蘇丹領土。
1824–1828 年	穆罕默德·阿里應土耳其蘇丹的邀請出兵鎮壓希臘人民起義。
1831–1833 年	第一次土埃戰爭。
1839–1840 年	第二次土埃戰爭。
1840 年 7 月	英、俄、奧、普四國干涉土耳其和埃及，簽訂《倫敦條約》。
1841 年	穆罕默德·阿里放棄全部屬地，只保留埃及本土和蘇丹。
1849 年	穆罕默德·阿里去世，其孫子阿拔斯繼任帕夏。
1851 年	英國獲得了在埃及修建第一條鐵路（從亞歷山大里亞到開羅）的權利。
1854 年	法國獲得了修建蘇伊士運河的特許權，並和埃及簽訂了《關於修建和使用連接地中海和紅海的蘇伊士運河及附屬建築的租讓合同》。
1856 年	英國在埃及修建的第一條鐵路竣工。
1859 年	蘇伊士運河正式動工。
1869 年 11 月 17 日	蘇伊士運河正式通航。
1875 年	伊斯梅爾把屬於本國的運河股份全部廉價地賣給了英國。

1876 年	埃及宣布財政破產。
1878 年	英、法迫使埃及同意成立所謂的「責任內閣」。
1879 年	埃及成立祖國黨。
1882 年 7 月 11 日	英國艦隊炮轟亞歷山大里亞港。
1882 年 7 月 13 日	英軍占領亞歷山大里亞港，埃及十五萬軍民從城裡撤出。
1882 年 7–9 月	阿拉比率軍抵抗英國侵略。
9 月 15 日	英軍占領開羅城，阿拉比被俘。
1905 年 6 月 13 日	「丹沙微慘案」發生。
1914 年 12 月 18 日	英國宣布結束對埃及的「暫時占領」，把埃及變為英國名副其實的殖民地。
1919 年 3–10 月	埃及爆發全民性的反英鬥爭。
1922 年 2 月 28 日	發表宣言，聲明結束英國對埃及的保護權和承認埃及為獨立的主權國家。
1924 年 11 月	在英國武力威脅下，柴魯爾內閣被迫辭職，華夫脫黨從此開始了長達十二年的護憲運動。
1927 年 8 月 24 日	柴魯爾去世。
1930–1931 年	埃及掀起了反英殖民鬥爭的高潮。
1936 年	《英國和埃及同盟條約》簽訂。
1945 年 3 月	阿拉伯聯盟（簡稱「阿盟」）成立。
1946 年 2 月 9 日	「阿拔斯大橋慘案」。
1948 年 5 月	埃及和外約旦、敘利亞、黎巴嫩、伊拉克以及沙烏地阿拉伯一起，對以色列宣

	戰，巴勒斯坦戰爭爆發。
1950 年	「自由軍官組織」開始秘密印刷《自由軍官之聲》。
1951 年 10 月－1952 年 1 月	蘇伊士運河區發生反英國武裝鬥爭。
1952 年　1 月 26 日	「開羅縱火案」發生。
1952 年　7 月 23 日	埃及爆發「七月革命」，推翻法魯克王朝。
1953 年　6 月 18 日	埃及正式宣布廢除君主政體，成立埃及共和國。
1955 年	萬隆會議召開，納塞提倡積極中立政策。
1956 年初	埃及、敘利亞和沙烏地阿拉伯組成軍事聯盟。
1956 年　6 月 23 日	埃及舉行公民投票，通過了新憲法。
1956 年　7 月　7 日	納塞當選為阿拉伯埃及共和國的總統。
1956 年　7 月	納塞和鐵托、尼赫魯在南斯拉夫發表《聯合公報》，反對參加大國軍事集團。
1956 年 12 月	英法從埃及撤軍。
1957 年　4 月 10 日	蘇伊士運河在埃及政府的管理下全部通航，埃及人民收回運河主權的鬥爭取得了完全的勝利。
1958 年　2 月　5 日	埃及和敘利亞組成阿拉伯聯合共和國（簡稱「阿聯」）。
1958 年　3 月 15 日	阿拉伯聯合共和國通過了新憲法。
1961 年　9 月 28 日	敘利亞復興黨政變，宣布脫離「阿聯」，阿拉伯聯合共和國瓦解。

1964 年 10 月	第二次不結盟會議在開羅舉行，通過了《和平與國際合作綱領》。
1967 年	「六‧五戰爭」爆發，埃及失去西奈半島。
1968 年	埃及對以色列發起「消耗戰」。
1970 年	納塞表示接受《羅傑斯計畫》，結束對以色列的「消耗戰」。
1970 年 9 月 28 日	納塞逝世。
1970 年 10 月 15 日	薩達特當選為埃及總統。
1971 年 5 月 15 日	「第二次革命」發生。
1971 年 5 月	《埃蘇友好合作條約》簽訂。
1971 年 9 月 11 日	埃及頒布了永久性憲法。
1972 年 7 月 8 日	埃及國防部下令辭退全部蘇聯軍事專家。
1973 年 1 月	阿拉伯國家軍事首腦會議在開羅召開，商討了對以色列作戰的策略。
1973 年 10 月 6 日	埃及、敘利亞等國向以色列發起突然襲擊，第四次中東戰爭爆發，這次戰爭又叫做「十月戰爭」或「齋月戰爭」、「贖罪日戰爭」。
1976 年	埃及宣布廢除《埃蘇友好合作條約》。
1977 年 6 月	埃及人民議會通過《政黨組織法》。
1977 年 11 月	薩達特訪問以色列。
1978 年 9 月 17 日	在卡特總統的主持下，薩達特和貝京在白宮簽署了《關於實現中東和平的綱要》

	和《關於埃及同以色列之間和平條約的綱要》（統稱《大衛營協議》）。
1979 年　3 月 26 日	《關於阿拉伯埃及共和國和以色列的和平條約》簽署。
1980 年　2 月 15 日	埃及同以色列建交，實現了雙方關係的正常化。
1980 年　4 月 30 日	人民議會通過憲法修正案，對《永久憲法》進行了補充和修改。
1981 年 10 月　6 日	薩達特遇害。
1981 年 10 月	穆巴拉克當選埃及總統。
1981 年 10 月底	穆巴拉克政府逮捕了部分宗教極端分子，後來審判和處死了暗殺薩達特的兇手。
1982 年　4 月	埃及收復了西奈半島的主權。
1984 年　4 月	埃及與蘇聯恢復大使級關係。
1987 年底	埃及重返阿拉伯世界。
1989 年　2 月	埃及、伊拉克、約旦和葉門四國在巴格達成立了「阿拉伯合作委員會」。
1991 年	埃及、敘利亞和波斯灣合作委員會六國簽署了《大馬士革宣言》。
1992 年　7 月	穆巴拉克政府在現行法律中增加了「反恐怖」條款。
1992 年　9 月	開羅成功主辦第六十二屆世界旅遊大會。
1998 年　6 月	埃及加快了與非洲經濟一體化的步伐，

	加入東南非共同市場。
2011 年　1 月 25 日	埃及發生「埃及革命」，埃及人民上街示威遊行，要求總統穆巴拉克下臺，並改革埃及現有的政治制度。
2011 年　2 月 11 日	穆巴拉克失去總統職權，將政權交給軍方的埃及武裝部隊最高委員會。
2011 年 11 月 28 日至 2012 年　1 月 11 日	埃及人民議會選舉進行，穆斯林兄弟會組織的自由與正義黨成為議會第一大黨。
2012 年　6 月 30 日	穆爾西成為埃及史上第一位民選總統。
2012 年 12 月 26 日	穆爾西簽署新憲法，擴大總統職權，引起群眾不滿。
2013 年　6 月 30 日	埃及發起「二次革命」。
2013 年　7 月　3 日	賽西發起軍事政變，穆爾西遭到罷黜。
2013 年　7 月　4 日	曼蘇爾就任為臨時總統。
2013 年 11 月　4 日	穆爾西接受審判。
2014 年　1 月 14 日－15 日	埃及進行新憲法草案公投。
2014 年　6 月　8 日	塞西當選總統。
2018 年　4 月	塞西連任總統。
2019 年　2 月	通過延長總統任期的憲法修正案，賽西可持續執政至 2034 年。

參考書目

中文部分

田上四郎著，軍事科學院外國軍事研究部譯，《中東戰爭全史》，北京：解放軍出版社，1985。

左文華、肖憲主編，《當代中東國際關係》，北京：世界知識出版社，1999。

北京師範大學歷史系世界古代史教研室編，《世界古代史考資料》，北京：北京師範大學出版社，1991。

令狐若明，《走進古埃及文明》，北京：民主與進步出版社，2001。

司徒盧威編輯，陳文林等譯，《古代的東方》，北京：人民出版社，1955。

安瓦爾‧薩達特著，李占經等譯，《我的一生：對個性的探討》，北京：商務印書館，1980。

安東尼‧納丁著，范語譯，《納塞》，上海：上海人民出版社，1976。

吉林師範大學歷史系編，《西洋古代史資料選輯》，長春：吉林師範大學歷史系，1959。

李光斌，《薩達特：中東和平進程的先行者》，長春：長春出版社，1999。

李援朝，《中東問題研究》，哈爾濱：黑龍江教育出版社，1996。

沐濤、倪華強等著，《失落的文明：埃及》，上海：華東師範大學出版

社，1999。

肖憲主編，《世紀之交看中東》，北京：時事出版社，1998。

希羅多德著，王敦書譯，《歷史》，北京：商務印書館，1985。

阿‧費克里著，高望之等譯，《埃及古代史》，北京：商務印書館，
　1973。

埃及新聞總署著，埃及駐華使館新聞處譯，《埃及投資指南》，北京：
　埃及駐華使館，2000。

埃及教育部文化局主編，方邁等譯，《埃及簡史》，北京：三聯出版社，
　1972。

納忠，《埃及近現代簡史》，北京：三聯書店，1963。

納忠，《阿拉伯通史‧下卷》，北京：商務印書館，1999。

陳公元等編，《非洲風雲人物》，北京：世界知識出版社，1989。

陳振昌，〈納塞與埃及經濟〉，《中東研究》，1989 年 12 月。

陳德成主編，《中東政治現代化：理論與歷史經驗的探索》，北京：社
　會科學文獻出版社，2000。

張文貞，〈埃及國有企業改革的主要舉措與發展趨勢〉，《西亞非洲》，
　1998 年第 2 期。

張宏，〈埃及的國際地位與中埃關係〉，《國際論壇》，2000 年第 1 期。

楊灝城，《埃及近代史》，北京：中國社會科學出版社，1985。

趙國忠主編，《簡明西亞北非百科全書：中東》，北京：中國社會科學
　出版社，2000。

劉水明，《埃及》，瀋陽：遼寧教育出版社，2000。

劉文鵬，《古代埃及史》，北京：商務印書館，2000 年。

劉文鵬，《古代西亞北非文明》，北京：中國社會科學出版社，1999。

劉家和、吳于廑等編，《世界史‧古代史編》，北京：高等教育出版社，

1994。

摩西・達楊著，張存節譯，《沙漠中的和平》，上海：上海譯文出版社，
　　1986。

穆罕默德・艾尼斯、賽義德・拉加卜・哈拉茲等著，埃及近現代簡史
　　翻譯小組譯，《埃及近現代簡史》，北京：商務印書館，1980。

穆罕默德・海卡爾著，上海國際問題資料編輯組譯，《通向齋月戰爭之
　　路》，上海：上海人民出版社，1976。

外文部分

Derek Hopwood, *Egypt: Politics and Society, 1945–1990*, London:
　　Harper Collins Academic, 1991.

Goldschmidt Jr. Arthur, *A Concise History of the Middle East*, Boulder
　　Colo: Westview Press, 2001.

Mansfield Peter, *A History of Middle East*, New York: Virking, 1991.

圖片出處：10, 16, 17, 35, 37: MOOK 單汝誠；11: Ashmolean Museum,
　　Oxford; 18, 21, 22, 28: 許文廷；19: MOOK; 20: J. Jack Jackson/Robert
　　Harding Picture Library; 29: Roger Wood/CORBIS; 39: Bettmann/
　　CORBIS; 40: Hulton–Deutsch Collection/CORBIS; 41: Kevin Fleming/
　　CORBIS; 42: David Rubinger/CORBIS; 43: Wally McNamee/CORBIS

國別史叢書

南非史——彩虹之國

南非經歷了長久的帝國殖民與種族隔離後，終於在1990年代終結不平等制度，完成民主轉型。雖然南非一路走來如同好望角的舊稱「風暴角」般充滿狂風暴雨，但南非人期待雨後天晴的日子到來，用自由平等照耀出曼德拉、屠圖等人所祈願的「彩虹之國」。

美國史——移民之邦的夢想與現實

「五月花號」迎風揚帆，帶來了追求自由的移民，獨立戰爭的槍響，締造了美利堅合眾國。西進運動、大陸領土擴張、南北戰爭，乃至進步主義與新政改革，一幕幕扣人心弦的歷史大戲在北美廣袤的大地上競相演出。